매일 ACT 하기

"당신의 하루에 조용히 말을 거는 책"

Diana Hill, PhD · Debbie Sorensen, PhD 공저
조성근 · 이승미 · 유현경 공역

수용전념치료(ACT)를 통해 현재에 머무르고
가치에 따른 삶을 찾아 나가는 8주간의 여정

학지사

ACT Daily Journal:
Get Unstuck & Live Fully with Acceptance & Commitment Therapy
by Diana Hill, PhD and Debbie Sorensen, PhD

역자 서문

당신의 하루에 조용히 말을 거는 책

살다 보면 마음이 자꾸만 복잡해지는 날이 있습니다.
괜찮은 척해도 속은 허전하고, 해야 할 일은 많은데 손이 안 움직이고,
사소한 말에 상처받고, 밤에는 괜히 마음이 시끄러운 그런 날들.
『매일 ACT하기』는 그런 당신에게 말을 겁니다.
"괜찮아요. 오늘 하루를 잘 살아 낸 것만으로도 충분해요."

이 책은 수용전념치료(ACT)의 지혜를 바탕으로,
복잡한 생각과 감정 속에서도 나를 지키는 방법을
하루하루 짧고 따뜻한 글과 질문으로 안내해 줍니다.
심리학 책이지만, 어려운 이론 대신 삶의 온기가 담겨 있습니다.
나를 비난하는 마음 대신, 스스로를 다정하게 바라보는 연습.
막막한 하루에도 내가 소중하게 여기는 가치를 잊지 않는 연습.
이 책은 그 '연습'이 모여 삶을 바꾸는 힘이 된다고 말합니다.
저 역시 이 책을 번역하며 위로받고, 다시 다짐하게 되었습니다.
그저 하루에 10분, 나를 위한 시간을 갖는 것만으로도
조금씩 삶이 달라질 수 있음을 믿게 되었습니다.

이 책의 자매품인 〈매일 ACT하기 활동카드〉는
책과 함께 사용할 때 더욱 힘을 발휘합니다.
책이 하루를 차분히 성찰하게 해 준다면, 카드는 순간순간
마음을 살피고 행동으로 옮기게 해 주는 작은 길잡이입니다.
아침에 출근길 지하철에서 한 장 뽑아 오늘의 마음가짐을 다잡거나,
잠들기 전에 하루를 돌아보며 카드를 펼쳐 보는 것만으로도
삶의 리듬이 달라집니다.
책과 카드는 서로를 보완하는 든든한 짝꿍으로,
ACT의 지혜를 일상 가까이에서 경험하도록 도와줍니다.
그리고 이 책은 늘 당신의 곁에서 속삭일 것입니다.
"괜찮습니다. 당신은 이미 잘하고 있어요."

2025년 가을

조성근

추천사

"이 책을 읽는 것은 세계적인 치료자가 된 좋은 친구와 이야기를 나누는 것과 같다. 간결하면서도 깊이가 있고, 실용적이면서도 마음에 와닿고, 치유적이면서 또 우리에게 영감을 준다. 이렇게 따뜻하고 힘이 되는 방식으로 많은 지혜를 전달하는 책은 드물다. 불안과 스트레스는 물론 단순히 삶을 충만하고 즐겁게 사는 데도 유용한 보석 같은 책이다."

– 릭 헨슨 박사, 『행복 뇌 접속』의 저자

"나는 『매일 ACT하기』를 좋아한다! 이 책은 매일 실천할 수 있는 간단하고도 일관된 행동을 통해 삶의 번영과 심리적 건강에 기여하는 방법을 연습할 수 있도록 도와주는 가이드북이다. 나는 이 책이 자비심과 자기돌봄으로 시작해 전념행동을 실천하기 위한 완벽한 토대를 제공한다는 점이 매우 마음에 든다. 그리고 이제 나는 자라서 달팽이가 되고 싶다(그 이유를 알고 싶다면 이 책을 읽어야 할 것이다!)."

– 질 스토다드 박사, 『수용전념치료(ACT) 은유(메타포) 모음집』의 저자 및
팟캐스트 〈심리학자들의 일상 이야기〉의 공동진행자

"『매일 ACT하기』에서 다이애나 힐과 데비 소렌센은 당신이 자신을 돌아보고, 목표를 설정하며, 의도를 가지고 행동할 수 있도록 안내한다. 많은 자기계발서나 일지와는 달리, 이 책은 행동에 중점을 두고 있다. 매일

단 몇 분 안에 그날의 활동을 하는 이유와 과학적인 설명을 읽게 될 것이다. 또한 몇 가지 질문을 통해 자신을 되돌아보고, 그에 대한 답변을 적어보게 될 것이다. 이후 하루 동안 그 내용을 간단하게 연습해 볼 수 있다. 그 결과는 어떻게 될까? 단 8주 만에 당신은 더 풍요롭고 만족스러운 삶을 만드는 데 도움이 되는 복잡하지만 강력한 치료법인 ACT의 핵심 과정을 마스터하게 될 것이다. 드디어 대중에게 ACT를 제대로 알릴 수 있는 책이 나왔다!"

– 알리샤 L. 브로스 박사, 볼더인지행동치료센터 파트너,
「End the Insomnia Struggle」의 저자

"심리적 유연성을 높이는 것은 단 한 번에 끝나는 문제가 아니다. 건강한 식습관, 수면습관, 운동습관을 만드는 것처럼, 하루하루 꾸준히 실천해야 한다. 매일 일지를 쓰며 학습하는 것만큼 삶을 변화시키는 습관을 기르는 더 좋은 방법은 없다. 이 책은 단계별로 하루하루 진행되는 8주간의 여정을 통해 그 방법을 안내할 것이다. 이 과정이 힘들 수는 있지만, 당신은 충분히 해낼 수 있을 것이며, 새로운 습관을 만드는 과정도 절대 지루하지 않을 것이다. 『매일 ACT하기』를 강력하게 추천한다."

– 스티븐 C. 헤이즈 박사, ACT의 창시자, 『자유로운 마음』의 저자 및
네바다주립대학교–리노 심리학과 석좌교수

"이 멋진 책에서 다이애나 힐과 데비 소렌센은 독자들이 최선의 방식으로 자기자비와 심리적 유연성을 기르고, 이를 자신의 삶에 적용할 수 있도록 ACT 도구를 활용하게 도와준다. 저자들은 간단하면서도 따라 하기 쉬운 활동과 자기성찰을 통해 삶의 어려움을 다루고, 의미와 목적 그리고 친절로 가득한 삶을 만들어 가는 흥미롭고 몰입감 있는 경험으로 독자들을

안내한다. 이 책을 적극 추천한다!"

– 러셀 콜츠 박사, 이스턴워싱턴대학교 교수, 『CFT Made Simple and The Compassionate-Mind Guide to Managing Your Anger』의 저자

"당신의 삶이라는 버스의 운전자가 되어 다음 단계로 나아갈 준비가 되었는가? 『매일 ACT하기』에서, 다이애나 힐과 데비 소렌센은 당신을 더 큰 목적과 기쁨, 그리고 성취로 이끄는 여정으로 안내한다. 이 책은 심리학에 기반한 자기성찰 질문과 일상에서 실천할 수 있는 활동들로 가득하다. 이를 통해 자신을 더 깊이 이해하고, 가장 중요한 것과 다시 연결될 수 있도록 도와준다. 이 8주간의 여정을 마치면, 삶에서 더 온전히 자신을 드러내고 목표를 달성하게 되며, 그 과정에서 만나는 장애물을 극복할 수 있는 도구와 경험을 얻게 될 것이다."

– 로빈 L. 고빈 박사, 공인심리학자, 일리노이주립대학교-어바나 샴페인 지역사회보건학과 조교수, 『The Self-Care Prescription』의 저자

"이 책은 공감 가는 개인적인 일화, 감동적인 이야기, 이해하기 쉬운 과학적 설명을 통해 정신건강을 관리하고 삶의 질을 향상시키는 가장 강력한 치료법 중 하나인 ACT를 친절하게 안내한다. 영감을 주는 이 책을 소중한 사람에게 선물하고 싶어질 것이다."

– 야엘 숀브룬 박사, 브라운대학교 조교수 및 팟캐스트 〈심리학자들의 일상 이야기〉의 공동진행자

"자신의 가치에 따라 사는 것은 어려울 수 있다. 이 책을 통해 힐과 소렌센은 과학적 근거에 기반한 기술을 일상생활에서 적용할 수 있는 유용하고 실용적인 자원을 제공한다. 이 책은 보다 활력 있고, 가치에 따른 삶을

살고자 하는 모든 이에게 매력적이고 자비로우며 도움이 되는 자원이 될 것이다."

– 데이나 리 베글리 박사, 공인심리학자, 달하우지대학교 의대 조교수(외래, 수술, 암환자 대상 치료 및 연구수행), 『Healthy Habits Suck』의 저자

"힐과 소렌센의 『매일 ACT하기』는 ACT를 배우는 데 도움이 되는 자료로, 초심자와 전문가 모두에게 유익한 내용이 담겨 있다. 심리적 유연성을 높이기 위한 ACT 전략이 실천 가능한 구조 안에서, 공감을 불러일으키고 동기를 북돋워 주는 저자의 일화를 통해 흥미로운 방식으로 전달된다. 치료 현장에서 일하는 나의 동료들에게도 내담자와 본인을 위해 『매일 ACT하기』를 활용해 볼 것을 적극 추천한다!"

– 데브라 세이퍼 박사, 스탠퍼드대학교 의대 정신건강의학 및 행동과학과 부교수

"『매일 ACT하기』는 보다 활력 있는 삶을 살기 위한 유연하고 단계적인 방법을 제시하는 책으로, 전문가들도 참고할 수 있는 유용한 자료이다. 개인적인 일화, 인용문, 비유 등을 적절히 엮어 심리적 유연성의 6가지 핵심 요소를 소개하기 때문에 매우 흥미롭고 공감이 가며, 따뜻한 느낌을 주고, 쉽게 일상에 적용할 수 있다. 각 주차마다 다른 과정에 초점을 맞추고, 매일 간단한 활동을 통해 ACT 기술들을 쉽게 일상생활에 적용할 수 있다. 이 책을 강력히 추천한다!"

– 론다 M. 머윈 박사, 듀크대학교 의대 부교수, ACT 트레이너, 『ACT for Anorexia Nervosa』의 공저자

서문

기쁨, 고통 그리고 실천의 가치

아리스토텔레스는 "무언가를 하려면 먼저 배워야 하고, 그 배우는 것은 직접 해 보면서 익힐 수 있다."라고 말했습니다. 실천이란 배우거나 바꾸고자 하는 행동을 실제로 수행하는 것을 의미합니다. 듣기에는 간단해 보이지만, 많은 사람이 알다시피 실천은 훈련을 필요로 합니다. 실천하는 것은 생각보다 훨씬 더 어려운 일입니다. 그럼에도 불구하고, 이 두 가지는 배우고 성장하는 지속적인 과정에 밀접하게 연결되어 있습니다.

인간으로서 우리는 저마다의 기쁨과 고통을 경험할 것입니다. 우리의 삶은 다양한 어려움과 도전으로 가득하지만, 그 속에서도 행복하고 평화로운 순간들이 있습니다. 살아 있는 존재로서 우리는 예측할 수 없고, 때로는 혼란스럽거나 놀라운 경험을 통해 성공과 실패를 반복하게 됩니다. 우리의 여정에는 많은 구불구불한 길과 미개척지가 있을 것입니다. 그 길을 어떻게 걸어갈 것인가가 중요합니다. 여정을 마치고 나서, 걸어온 길을 돌아보면 그 여정에 대해 어떤 생각이 들까요?

이 질문에 대한 답은 여러 가지가 있을 것입니다. 아마도 그 여정이 힘들어서 실망하거나 삶에 '시달렸다'고 느낄 수도 있고, 반대로 낙관적인 태도로 끝까지 버텨 낸 달콤한 여정이었을 수도 있습니다. 어떤 경우든, 당신의 여정은 수많은 장애물로 가득 차 있었을 것입니다. 인생은 그렇게 흘러갑니다. 깊은 골짜기, 울퉁불퉁한 바위틈, 햇볕이 쨍쨍 내리쬐는 광활한

들판에 이르기까지 우리는 대개 우리의 여정에 어떤 장애물이 놓일지 선택할 수 없습니다. 하지만 인생의 불가피한 상황 속에서 우리는 장애물에 어떻게 대응할지를 선택할 수 있으며, 이때 자신에게 가장 가치 있는 것이 무엇인지 고려하는 것이 필요합니다. 이것이 바로 당신의 목적과 개인적인 의미가 되며, 삶을 가치 있게 만드는 요소가 됩니다.

여기서 저는 당신의 가치와 그 가치를 매일의 여정에 어떻게 적용할 것인지에 대해 이야기하고자 합니다. 『매일 ACT하기』의 저자 다이애나 힐과 데비 소렌센은 일상생활에서 우리의 가치를 어떻게 실천할 수 있는지 보여 주기 위해 우리를 초대합니다. 기쁨의 순간은 물론 고통의 순간에도 우리는 어떻게 의미를 부여할 수 있을까요? 울퉁불퉁한 바위틈에서, 가파른 길 위에서도 말입니다. 이 여정에 어떤 의도를 가지고 임할 것인가요? 『매일 ACT하기』는 우리가 존재하는 모든 순간에 웰빙(well-being)의 상징인 심리적 유연성을 갖도록 초대합니다. 현재에 머무르는 연습을 통해 지금 이 순간을 보다 온전하게 살아갈 수 있다면, 변화를 방해하는 마음속 이야기에서 빠져나올 수 있다면, 어떤 여정에서라도 다양한 관점을 받아들이는 법을 배울 수 있다면, 용기를 가지고 감정과 감각에 마음을 열고 가치와 전념행동을 바탕으로 그다음 단계로 나아갈 수 있다면 우리는 무언가를 만들어 낼 수 있습니다. 우리는 중요하고 강력한 무언가를 창조해 낼 것입니다. 그것은 바로 당신이 창조하고, 당신이 의도한 대로 살아가며, 당신이 이끄는 삶입니다. 이러한 삶에서는 사랑하고, 웃고, 울며, 괴로워하고, 고통스러워하고, 평화롭고, 창조하고, 놀고, 만들어 내고, 성장하는 등 삶이 제공하는 모든 것을 맛볼 수 있습니다. 삶의 모든 순간에 진정으로 존재하는 것입니다.

당신이 세상에서 어떤 존재로 살아갈지는 당신의 행동에 따라 결정됩니다. 아리스토텔레스가 말했듯이, 우리는 실제 행동을 통해 배웁니다. 우리는 자신에게 중요한 일에 주의를 기울이고 그 일을 적극적으로 실천하는 방법을 꾸준히 연습해야 합니다. 이 여정은 환상적이지만, 짧기도 하죠. 『매일 ACT하기』는 당신이 한 발짝 내딛도록 도와주며, 그 과정에서 새로운 가능성과 호기심을 발견하게 될 것입니다. 이제 피할 수 없는 어려움에 맞서기 위해 필요한 토대를 마련해 보세요. 그리고 이 책이 당신을 평생의 실천으로 이끌어 주길 바랍니다. 그래서 언젠가 당신이 걸어온 길을 되돌아보았을 때 "나의 여정은 온몸을 지키고 안전만을 추구하는 선택으로 가득 차 있었던 것이 아니라, 때로는 용기 있는 길을 택한 여정이었다."라고 말할 수 있기를 바랍니다. 그리고 헌터 S. 톰슨(Hunter S. Tomptson)처럼 이렇게 외칠 수 있기를 바랍니다.

"와! 정말 멋진 여정이었어!"

로빈 왈서, 『The Heart of ACT』의 저자

차례

2주차
현재 순간에 접촉하기: 현재를 살아가기 • 61

3주차
인지적 탈융합: 머릿속 괴물 맞이하기 • 87

4주차

5주차

6주차
가치: 삶의 방향 선택하기 • 169

7주차
전념행동: 의도를 가지고 넘어지기 • 197

환영합니다

금문교에 페인트칠하기

다이애나의 아버지가 그녀가 어렸을 때 들려주던 이야기가 있습니다. "샌프란시스코의 금문교는 너무 길어서 페인트칠을 하는 데 오랜 시간이 걸린단다. 페인트칠을 하는 사람이 금문교의 한쪽 끝에서 시작해 반대쪽 끝까지 페인트를 칠하고 나면, 먼저 칠했던 부분은 이미 낡아 버려 다시 처음부터 시작해야 했단다."라는 이야기입니다.

살면서 이 이야기 속의 페인트칠하는 사람이 된 기분이 든 적이 있나요? 비슷한 문제에 계속 부딪히거나, 같은 부분을 계속 페인트칠하거나, 너무 바빠서 주변 경치를 즐기는 것을 잊게 되나요? 모든 불편함에 맞서 힘들어하거나, 이 일이 나에게 맞는지 의문을 품게 되나요? 아니면, 그 일을 하는 이유나 나아가야 할 방향성을 잃은 채 하염없이 몇 시간씩 페인트칠을 하고 있나요?

인생은 마치 금문교에 페인트칠하는 것처럼 느껴질 수 있습니다. 그렇기 때문에 우리는 당신이 '삶'이라는 다리를 더 온전하고 활기차게, 그리고 가장 깊은 개인적 가치를 따르며 페인트칠할 수 있도록 8주 동안 매일 실천할 수 있는 『매일 ACT하기』를 개발했습니다.

나의 '삶'이라는 다리에서 의미를 찾기 위해서는 다음이 중요합니다.

- 실수했을 때 스스로에게 너그러워지기
- 가끔 잠시 멈추고 주변 경치 감상하기

- 일이 지루하거나 힘들거나 두려울 때 그 불편함을 받아들일 공간 만들기
- 나를 낙담시키거나 나에게 도움이 되지 않는 생각 가볍게 대하기
- 나의 삶에서 가장 중요한 영역을 확인하고, 그 영역에서 최선을 다하기
- 앞으로 다가올 일에 대해 방향성과 넓은 관점을 가지고 바라보기
- 매일 꾸준히 실천하기

『매일 ACT하기』는 당신이 이 중요한 일들을 해낼 수 있도록 도와줄 것입니다. 8주 동안 시도해 본다면, 우리와 우리 내담자들이 그랬던 것처럼, 이 책이 자유롭고 의미 있는 삶을 살며 본연의 인간성을 더욱 깊이 이해하는 데 도움이 되었음을 당신도 느끼게 될 것입니다.

심리적 유연성: 심리적 건강의 핵심

ACT[acceptance and commitment therapy: 수용전념치료. '행동하다(act)'의 의미를 가진 동사처럼 발음]는 이 프로그램의 핵심을 이루고 있습니다. ACT는 현대적인 근거 기반 접근법으로, 웰빙에 대한 독특한 관점을 제공합니다. 많은 사람들이 심리상담이 '나쁜' 생각과 감정을 없애고, '좋은' 감정과 생각을 늘리는 것이라고 생각할 수 있지만, ACT는 이와 다릅니다. ACT는 불편함이 삶의 일부일 뿐만 아니라 본질적으로 내가 가장 중요하게 여기는 것과 연결되어 있기 때문에, 불편한 생각과 감정을 위한 공간을 만드는 데 도움이 됩니다(Hayes, Strosahl, & Wilson, 2012).

수백 편의 연구 결과는 이 책에서 설명하는 ACT 과정이 심리적 고통, 즉 우울이나 불안으로 어려움을 겪고 있는 경우뿐만 아니라, 관계를 개선하

거나 건강한 운동 및 식습관을 기르고, 통증이나 건강 상태에 더 잘 대처하거나 세상에 긍정적인 변화를 만들어 가고자 하는 경우에도 유익하다는 것을 보여 줍니다(Hayes, 2019).

ACT는 생각과 감정을 알아차리고, 그것이 고통스러울 때조차도 유연하게 대처하며, 가치에 기반한 선택을 할 수 있는 능력인 심리적 유연성을 기르는 것을 목표로 합니다. 심리적으로 유연하면, 힘든 생각, 감정, 충동에 덜 휘말리게 되어 나의 가치에 더 부합하는 행동을 자유롭게 할 수 있습니다(Hayes, 2019). 궁극적으로는 어려움이 닥쳐도 나에게 진정으로 중요한 것을 향해 계속 나아갈 수 있습니다. 심리적으로 유연할 때, 우리는 다음과 같이 할 수 있습니다.

- 현재의 삶에 머무릅니다.
- 내가 중요하게 여기는 것이 무엇인지를 알고, 그것에 맞춰 삶을 살아갑니다.
- 불편함과 고통을 피하는 대신, 수용하고 허용합니다.
- 도움이 되지 않는 생각을 알아차리고 그 생각에서 빠져나올 수 있습니다.
- 다양한 관점에서 나의 경험을 바라보는 관찰자 자기와 연결됩니다.
- 삶에서 가장 중요한 것을 향해 전념행동을 취합니다.

현실에서는 만족스러운 삶에도 항상 불편함과 고통이 존재합니다. 그리고 자신에게 중요한 활동을 할 때는 불편함을 경험할 가능성이 훨씬 더 높아집니다. 그러나 심리적으로 유연하다면, 강한 감정이나 피할 수 없는 문제가 발생하더라도 나의 삶에 온전히 임할 수 있으며, 우리의 동료인 질 스토다드(Stoddard, 2019, 74)의 말처럼 '내가 원하는 나'가 될 수 있습니다.

심리적 유연성은 다음과 같습니다.

- 나의 취약함이 드러나는 것이 두렵더라도 새로운 관계를 시작하는 것
- 두렵더라도 의미 있는 일을 추구하기 위해 변화를 시도하는 것
- 자녀가 화나게 하더라도 자상한 부모가 되는 것
- 마음속에서 '하고 싶지 않아!'라고 외치더라도 몸을 움직이는 것
- 불편하고 힘들더라도 의미 있는 행동을 취하는 것

심리적 유연성은 회복탄력성을 높입니다

나에게 중요한 삶을 만드는 데는 삶의 자연스러운 스트레스에 효과적으로 대응하는 것이 도움이 됩니다. 깊은 뿌리와 유연한 가지가 폭풍우 속에서 나무가 쓰러지는 것을 막아 주듯이, 심리적 유연성은 나의 가치에 뿌리내려 보다 유연하게 대응할 수 있도록 도와줍니다. 이를 통해 삶의 격랑을 더 잘 견뎌 낼 수 있습니다. 심리적 유연성은 또한 인류로서 우리를 더욱 회복력 있게 만들어 줍니다. 우리는 지금, 그 어느 때보다 심리적 유연성이 필요합니다. 유연하게 적응하고 자비로운 마음으로 협력하는 능력이 우리 공동체와 지구가 당면한 어려움에 대응하는 데 핵심적인 역할을 할 것입니다(Biglan, 2015).

심리적 유연성과 건강을 위한 8주 프로그램

『매일 ACT하기』는 심리적 유연성을 구성하는 핵심 과정을 알려 줄 것입니다. 이러한 ACT 과정은 심리적인 '요령'이 아니라 번영과 심리적 건강

에 도움이 되는 삶의 방식입니다. 냉장고에 있는 어떤 재료로도 볶음요리를 만들어 내는 숙련된 요리사처럼, 이 핵심 과정을 배우고 나면 우리의 삶에 나타나는 어떤 상황에도 적용할 수 있게 될 것입니다! 이 과정은 역동적이고, 서로 연결되어 있으며, 자비심을 가지고 임할 때 더욱 강화됩니다. 또한 이 과정은 일상생활 속에서 실천되어야 합니다. 신체적 건강과 마찬가지로, 심리적 건강도 매일 수행하는 간단하고 지속적인 행동에 달려 있습니다. 심리적 유연성을 기르기 위해 일련의 간단한 활동(읽기, 쓰기, 체험활동)을 수행할 것이며, 이러한 활동을 통해 심리적 건강과 관련된 ACT 과정을 배우게 될 것입니다.

ACT의 핵심 과정인 현재 순간에 접촉하기, 인지적 탈융합, 수용, 관점 취하기, 가치 그리고 전념행동이 결합되어 심리적 유연성을 형성합니다. 이 과정들은 스스로와 타인에 대한 자비심을 중심으로 함께 작용하여, 보다 유연하고 회복력이 있으며 의미 있는 나를 만들어 줄 것입니다!

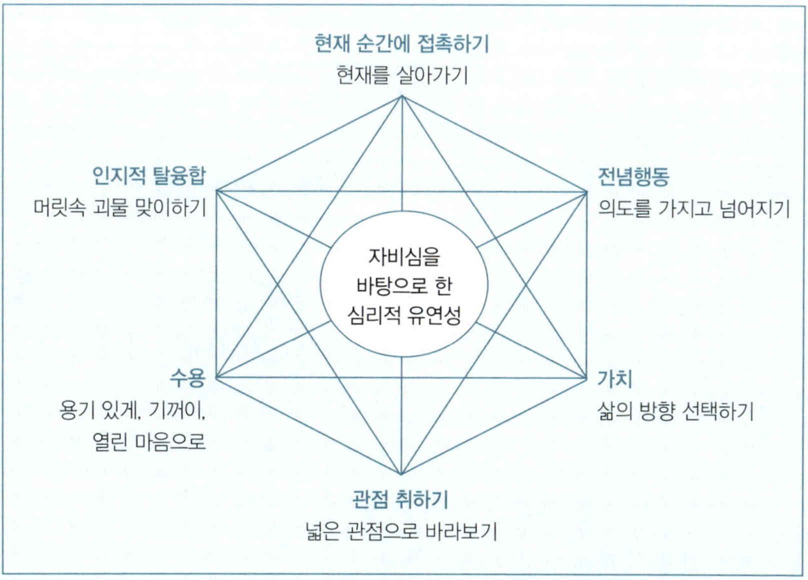

1주차: 기본 토대 마련하기

우리가 성장하고 새로운 것을 배우고자 할 때, 자기 자신이 방해물이 되는 경우가 많습니다. 자신의 결점에 과도하게 집중하고 스스로를 돌보지 않으면, 정말로 중요한 것을 향해 나아가기 어려울 수 있습니다. 1주차에는 자비심, 자기돌봄, 의도적인 시간 사용에 집중하며 다음과 같은 내용을 다룹니다.

- 나를 가두는 내면의 목소리 알아보기
- 자비로운 내면의 코치 기르기
- 뇌의 위협, 추진, 돌봄 시스템이 자기비판적이거나 자비심을 느끼는 정도에 미치는 영향 알아보기
- 정서적 · 신체적 웰빙을 위한 간단한 자기돌봄 방법 개발하기
- 의도를 가지고 시간을 사용하는 방법 배우기

2주차: 현재 순간에 접촉하기-현재를 살아가기

현재 순간을 더 잘 알아차리게 되면, 지금 일어나고 있는 삶의 경험을 온전하게 경험하고, 보다 의식적인 선택을 할 수 있습니다. 한 주 동안 현재 순간에 머무르는 연습을 하며 다음과 같은 내용을 다룹니다.

- 무의식적으로 행동하는 상태에서 벗어나 목적이 이끄는 삶 살기
- 일상의 순간들을 더 깊이 음미하기

- 몸의 감각, 생각, 감정에 대한 알아차림 높이기
- 어려움 속에서도 안정된 상태 유지하기
- 대인관계와 일/업무 상황에서 알아차림 높이기

3주차: 인지적 탈융합–머릿속 괴물 맞이하기

나의 생각에 갇히는 것은 삶을 효과적으로 살아가는 데 있어 가장 큰 장애물 중 하나입니다. 3주차에는 인지적 탈융합이라는 과정을 배우며, 다음과 같은 내용을 다룹니다.

- 나에게 속삭이는 마음 알아차리기
- 한 발짝 물러나 생각과 거리 두기
- 유머와 장난기를 활용해 생각에서 빠져나오기
- 규칙, '옳다'는 생각, '~해야 한다'는 생각에 보다 유연하게 대응하기
- 해로운 생각 대신 도움이 되는 생각에 주의 기울이기

4주차: 수용–용기 있게, 기꺼이, 열린 마음으로

심리적 유연성이란 자신에게 중요한 일을 하기 위해 불쾌한 감정을 포함한 모든 정서적 경험에 마음을 여는 것을 의미합니다. 수용에 초점을 맞춘 4주차에는 다음과 같은 내용을 다룹니다.

- 감정을 통해 배운 메시지 살펴보기

- 불쾌한 경험에 무뎌지거나, 주의를 분산시키거나, 기회를 포기하거나 삶의 경험을 빨리 지나치는 등의 회피 전략 알아보기
- 고통과 불편함을 회피함으로써 초래되는 결과 살펴보기
- 좋든 나쁘든 모든 감정, 생각, 감각에 기꺼이 마주하고자 하는 의지 높이기

5주차: 관점 취하기–넓은 관점으로 바라보기

관점을 전환하는 능력은 자기 자신에 대한 이야기를 넘어 마음을 열고 더 넓고 유연한 관점으로 바라볼 수 있도록 도와줍니다. 관점 취하기 연습을 하는 5주차에는 다음과 같은 내용을 다룹니다.

- 나를 가두는 자기이야기 파악하기
- 스스로에게 붙이는 꼬리표에 더 유연하게 대응하기
- 모든 내면의 경험을 수용할 수 있는 '하늘과 같은 마음' 경험하기
- 상황을 넓은 시각에서 바라보고, 시간이 지남에 따라 발생하는 변화를 다양한 관점으로 접근하기
- 삶에서 더 많은 가능성 탐색하기

6주차: 가치–삶의 방향 선택하기

나의 삶에 의미와 목적, 그리고 활력을 가져다주는 것은 무엇인가요? 내가 진정으로 중요하게 여기는 것은 무엇인가요? 그리고 어떤 사람이 되고

싶나요? 가치에 집중하는 6주차에는 다음과 같은 내용을 다룹니다.

- 나의 삶이 어떤 모습이길 원하는지 파악하기
- 가족관계, 일(직장, 직업, 그 외 업무), 사회참여/시민의식, 건강관리와 같은 삶의 중요한 영역에서 나의 가치 탐색하기
- 가치로부터 멀어졌을 때 재조정하기
- 모든 것이 언젠가는 변하고 사라질 수 있다는 사실을 이해하고, 나에게 가장 중요한 가치 알아보기

7주차: 전념행동–의도를 가지고 넘어지기

전념행동은 어려운 상황에서도 나의 가치를 향해 지속적으로 나아가는 과정을 의미합니다. 7주차에는 행동과학을 적용하여 다음과 같은 내용을 다룹니다.

- 가치를 활용하여 변화에 대한 동기 높이기
- 결과보다는 행동을 취하는 과정에 집중하기
- 달성 가능한 작은 습관 개발하기
- 행동 변화의 장애물 탐색하기
- 가치와 일치하는 행동을 실천하기 위해 이를 지원해 줄 맥락(상황), 그 행동의 결과(효과), 팀(함께할 사람) 마련하기
- 유연하고, 지속 가능한 행동 계획 세우기

8주차: 유연한 통합–집단 지성

마지막 주차에는 그동안 배운 모든 과정을 종합하게 됩니다. 벌집에서 벌들이 서로 협력하듯이, 각 과정이 서로 영향을 주고받으며 심리적 유연성을 키우는 데 어떻게 도움이 되는지 경험하게 됩니다. 이 과정을 유연하게 넘나들며 나 자신을 넘어 다른 사람에게 적용하고, 매일 행동하며 뿌듯함을 느낄 수 있는 삶을 만들어 나가게 될 것입니다.

『매일 ACT하기』를 사용하는 방법

『매일 ACT하기』에서는 일지를 작성하는 데 필요한 지침을 제공합니다. 많은 일지들이 자기성찰, 생각, 감정을 표현하는 데 초점을 맞추고 있지만, 『매일 ACT하기』는 다릅니다. 이 일지는 통찰력을 키우는 것 외에도 심리적 유연성을 구성하는 핵심 과정에 대해 배우게 되며, 이를 일상에서 간단한 방식으로 적용해 보다 활력 있는 삶을 만들어 나갈 수 있도록 합니다. 우리는 이 일지를 통해 실제로 사용할 수 있는 기술을 배우고 연습하며, 심리적 유연성을 기르고 더욱 활력 있는 삶을 향해 나아가는 데 필요한 일상적인 습관을 기를 수 있도록 만들었습니다. ACT를 처음 접하든 수년간의 경험이 있든, 이 과정을 통해 역량을 강화하고 자신의 삶에 보다 규칙적으로 적용할 수 있는 기회는 언제나 열려 있습니다. 8주 동안 당신은 다음과 같은 활동을 주로 하게 될 것입니다.

- 그날의 ACT 과정에 대한 짧은 글 읽기
- 간단한 쓰기 활동하기
- 즉석에서 할 수 있는 간단한 활동 수행하기
- 'ACT 점검하기'에 대해 작성하기(이 섹션에는 그날 집중하고 싶은 주요 가치를 적거나, 일일 목표를 적거나, 그날 읽은 문구를 되돌아보거나, ACT 활동을 수행한 개인적인 경험에 대해 적을 수 있는 공간이 있습니다.)
- 일상에서 시도해 볼 수 있는 간단한 활동 배우기

『매일 ACT하기』는 심리적 유연성의 각 과정을 일주일 동안 집중적으로 살펴보도록 안내합니다. 우리의 목표는 매일 읽기와 쓰기 활동을 약 15분 동안 진행한 후, 그 과정에서 배운 아이디어를 일상생활에서 활용하는 것입니다.

내담자들과의 경험을 통해 심리적 유연성 과정은 일상에서 주기적으로 활용해야 효과적이라는 것을 알게 되었습니다. ACT를 제대로 이해하려면 읽고 쓰는 것만으로는 부족하며, 직접 실천에 옮겨야 합니다. 하지만 우리의 삶이 바쁘듯, 당신의 삶도 마찬가지일 것입니다. 7주차(전념행동)에서 배우겠지만, 습관은 작게 만들어 꾸준히 실천할 때 더 잘 유지됩니다. 우리는 그 과정을 도울 것입니다.

꾸준함도 중요하지만, 유연성 역시 중요합니다. 이 일지를 처음부터 순서대로 진행할 수도 있고, 먼저 작업하고 싶은 과정부터 시작할 수도 있습니다. 꾸준히 실천하는 것이 도움이 되지만, 가끔 건너뛰는 날이 있거나 주어진 과정을 완료하는 데 일주일 이상 걸리더라도 너무 걱정하지 마세요. 중단했던 부분으로 돌아와 계속 진행하면 됩니다.

우리(글쓴이)에 대해

우리는 둘 다 임상심리학자이며, 팟캐스트 『심리학자들의 일상 이야기』의 공동진행자이자 제작자입니다. 또한 가치 기반의 삶을 매우 중요하게 여기는 좋은 친구이기도 합니다. 우리는 심리학 연구에서 얻은 최신 아이디어를 효과적으로 활용하여 '내담자 그리고 모든 사람들이 일상에서 잘 살아갈 수 있도록 돕기'라는 가치를 공유하고 있습니다.

『매일 ACT하기』는 수년간의 학술 연구, 150명 이상의 심리학 전문가와의 인터뷰, 그리고 수천 시간의 임상 경험을 통해 얻은 지식의 결정체입니다. 우리는 다양한 접근의 심리상담에 대한 훈련을 받았으며, 그중 ACT가 우리와 내담자에게 가장 도움이 되는 접근법이라는 것을 알게 되었습니다.

또한 『매일 ACT하기』는 연구에 기반한 심리학 원리를 우리 삶에 실제로 적용하면서 얻은 개인적인 실패와 성공의 경험으로부터 많은 아이디어와 영감을 얻어 만들어졌습니다. 바쁜 직장인 부모이자 딸, 배우자/연인, 친구로서 우리는 그동안 배워 온 전문적인 심리학 지식을 일상에서 실천하는 데 어려움을 겪는 경우가 많습니다. 다른 사람들과 마찬가지로 우리도 가끔 무엇이 중요한지 잊어버리고, 생각과 감정에 갇히거나 일상의 문제에 얽매이기도 합니다. 이 책을 통해 우리의 이야기를 당신과 나누고, 심리적 유연성의 개념을 어떻게 우리의 일상에 적용하여 보다 유연하고 목적이 있는 삶을 살게 되었는지 알게 될 것입니다. 건강한 몸과 마음을 갖추면, 『매일 ACT하기』가 보다 만족스러운 삶을 사는 데 도움이 될 것입니다. 우리가 당신을 위해 『매일 ACT하기』를 만드는 것을 중요하게 여긴 만큼, 당신도 이 과정을 소중히 여겨 주길 바랍니다!

매일 ACT하기: 평생에 걸친 과정

마지막으로, 금문교에 대한 이야기는 단지 하나의 가상의 이야기일 뿐입니다. 페인트칠하는 사람은 한쪽 끝에서 시작해 반대편까지 칠한 뒤, 다시 돌아가 칠하지 않습니다. 실제로는 여러 사람이 지속적으로 다리를 유지 보수합니다. 다리를 칠하는 것처럼, 심리적 유연성을 발휘하는 과정은 평생에 걸쳐 지속적인 노력이 필요합니다.

우리는 전문적으로 그리고 개인적으로 수년 동안 ACT를 실천해 왔으며, 여전히 매일 더 배우고 연습해야 할 것들이 남아 있습니다. 이 8주 과정을 마친 후에도 ACT를 일상에서 계속 활용하길 바랍니다. 페인트는 필연적으로 벗겨지기 마련입니다. 이 책을 당신의 삶에서 페인트가 벗겨지기 시작할 때 사용할 유지 보수 안내서로 여기면 좋겠습니다. 이 책은 당신이 자신의 가치에 기반한 삶을 사는 데 도움을 줄 것입니다.

1주차

기본 토대 마련하기

텃밭을 가꾼다면, 씨앗을 심기 전에 텃밭의 흙을 잘 준비하는 것이 중요하다는 것을 알게 될 것입니다. 식물이 잘 자라고 건강하게 자생하며, 불가피한 어려움에 잘 견딜 수 있도록 환경을 만들어 주고 싶을 것입니다.

이와 유사하게, 『매일 ACT하기』와 같은 새로운 프로젝트를 시작할 때도 다가올 어려움에 대비하는 것이 도움이 됩니다. 이전에 일지를 쓰거나 자기계발 프로그램을 시작했지만 중간에 막히거나 의욕을 잃고 그만두었던 경험이 있을 수 있습니다. 이번 주차에는 심리적 유연성을 높이기 위한 ACT 과정을 시작하기에 앞서, 자비심과 자기돌봄, 그리고 의도적인 시간 사용으로 텃밭의 '흙'을 준비할 것입니다.

자비심

자비심은 정신건강에 중요한 역할을 합니다. 스스로에게 자비심을 베풀면, 삶의 어려움 가운데에서도 더 잘 회복하고, 건강한 습관을 유지하며, 타인에게도 더 자비로워질 수 있게 됩니다. 타인에게 자비심을 베풀면, 건강한 관계, 돌봄, 사회정의, 그리고 삶의 목적의식을 형성하는 기반이 됩니다.

자비심은 그냥 가만히 있는 것이 아니라 적극적으로 행동하는 것입니다. 길버트(Gilbert)와 쵸덴(Choden)은 **자비심이란** 자신과 타인의 괴로움을 느끼고, 이를 해결하려는 의지를 갖는 것이라고 정의합니다. 먼저, 나 자신을 포함하여 누군가가 힘들어하고 있음을 깨닫고, 그 사람에게 다가가 도움을 주는 것입니다. 스스로에게 자비심을 베풀 때는, 크리스틴 네프(Kristen Neff)가 말한 3가지 요소를 생각하면 도움이 됩니다.

1. **마음챙김**: 나의 경험에 대해 판단하지 않고 온전히 집중하기
2. **친절**: 힘들 때에도 스스로에게 부드럽고 따뜻하게 대하기
3. **보편적 인간성**: 모든 인간은 완벽하지 않고 괴로움을 겪는다는 사실 이해하기

나 자신과 타인에게 친절하게 대하면 괴로움을 보다 잘 견딜 수 있고, 용기를 얻어 나의 진정한 소명을 받아들이는 데 도움이 될 것입니다.

가치가 이끄는 삶을 사는 것은 때때로 힘들고 고통스러울 수 있습니다.

하지만 자비심이 있으면 어려운 상황에서도 의미 있는 행동을 하는 데 도움이 됩니다.

진정한 자기돌봄

의미 있는 삶을 살기 위해서는 내면의 힘이 필요합니다. 나의 몸과 감정의 필요를 잘 살피고 돌보면 심리적으로 유연해지는 데 도움이 됩니다.

의도적인 시간 사용

의도를 가지고 시간을 사용하면 가장 중요한 일의 우선순위를 정하는 데 도움이 됩니다. 이번 주차에는 내가 시간을 어떻게 사용하고 있는지 점검하고, 내가 가장 중요하게 생각하는 활동을 중심으로 시간을 관리하는 방법을 배우게 될 것입니다.

앞으로 8주 동안 새로운 것을 시도하고, 생각과 감정에 대한 새로운 접근 방식을 통해 심리적 유연성을 키울 것입니다. 이번 주차에 기본 토대를 마련하면 이후의 중요한 작업을 수행할 때 큰 도움이 될 것입니다.

일자: ____________________

1일차 내면의 비판자

다이애나: 제 아들이 6세 때 서핑을 배우고 싶다고 했습니다. 저는 산타바바라[1]에서 자랐지만, 위험한 것이나 추위를 싫어해서 서핑을 해 본 적이 없었습니다. 하지만 ACT를 삶에 적용하고 있었기 때문에, 헌신적인 부모가 되겠다는 저의 가치가 두려움과 추위를 극복할 수 있게 해 주었습니다. 첫 수업에서 강사가 이렇게 말했습니다. "걱정하지 마세요. 저는 5세 아이나 75세 노인이 서핑하다 넘어져도 매번 다시 일어서게 만들 수 있어요." 넘어질 때마다 제 마음은 '내가 왜 이러는 거지? 다섯 살짜리 아이도 할 수 있는데!'라는 생각으로 가득 찼습니다. 그때 저에게 정말 필요했던 것은 제가 서핑을 배우러 온 것이 아니라 아들과 함께 시간을 보내기 위해 왔다는 것을 상기시켜 주는 격려의 목소리였습니다. 제가 중요하게 여기는 것을 바라보도록 격려해 주는 자비로운 목소리 말이죠.

새로운 것을 시도하거나 어려움을 겪을 때, 내면의 목소리는 나에게 어떤 말을 하나요? 타인에게는 절대 하지 않을 방식으로 스스로에게 엄격하고 비판적이며 부정적인 태도를 보이지는 않나요? 혹시 나를 있는 그대로 받아들이는 데 어려움을 겪고 있나요?

우리는 자신에게 지나치게 엄격할 때가 있습니다.

재미있는 점은, 우리는 가장 힘들고 취약할 때 또는 편안한 상황에서 벗어날 때 스스로에게 가장 가혹하게 대하는 경향이 있습니다. 이러한 순간에 내면의 비판자가 완벽을 추구하고, 높은 기준을 세우며, 판단을 통해 상황을 바로잡으려 합니다.

1) 역자 주: 산타바바라는 미국 캘리포니아주의 대표적인 서핑 명소이다.

우리가 스스로를 비판하는 이유에는 여러 가지가 있습니다. 부모나 보호자의 비판적인 목소리가 내면화되었거나, '타인의 도움 없이 스스로 극복하라.'라는 이상적인 생각을 갖게 되었거나, 고정관념이나 인종차별, 타인의 기준에 영향을 받았을 수 있습니다. 그러나 자기자비는 우리가 가장 필요한 순간에 스스로에게 용기를 주는 목소리를 선택할 기회를 제공합니다.

오늘은 나의 내면에서 속삭이는 비판적인 목소리를 살펴보고, 내일부터는 보다 자비로운 목소리를 키워 나갈 것입니다.

오늘의 ACT: 내면의 비판자 맞이하기

내면의 비판자에 대해 적어 보세요. 내면의 비판자는 나의 삶에서 어떻게 나타났나요? 어릴 적에는 나에게 어떤 말을 했었나요? 최근에는 어떤 말을 하고 있나요?

현재 겪고 있는 힘든 상황에 대해 적어 보세요. 이 상황에서 내면의 비판자는 어떻게 나타나고, 어떤 말을 하나요?

한 발짝 더 나아가기: 내면의 비판자 길들이기

내면의 비판자가 원하는 것이 무엇인지 생각해 본 적이 있나요? '내 안의 악마 길들이기'라는 고대 티베트의 수행법이 있습니다(Allione, 2008). 이 명상에서는 수행자가 자신의 내면의 악마를 의인화하여, 그들이 무엇을 원하는지 물어본 후, 그들이 원하는 것을 '제공하는' 상상을 합니다.

눈을 감고 내면의 비판자가 내 앞에 있다고 상상해 보세요. 다음 질문을 하고 내면의 비판자가 어떤 대답을 하는지 잘 들어 보세요.

- 왜 여기 있나요?
- 나를 어떻게 도와주려고 하나요?
- 내가 어떻게 하기를 원하나요?

내면의 비판자에 대해 호기심을 가져 보세요. 그 비판자가 정말로 원하는 것은 무엇일까요?

ACT 점검하기: 오늘의 가치, 목표, 나를 되돌아보기

오늘의 연습

오늘은 내면의 비판자의 목소리에 귀를 기울여 보세요. 그 목소리를 발견하면 호기심을 가지고 다가가 보세요.

일자: ____________________

2일차 자기자비 기르기

힘든 순간에 스스로를 가혹하게 대하는 대신, 나에게 용기를 주고, 나를 용서해 주는 친절한 내면의 코치가 있다면 어떨까요? 오늘은 나를 위해 최선을 다하고, 나를 돌보며 지지해 주는 자비로운 내면의 코치를 키우는 데 도움을 드리고자 합니다.

ACT에서는 어떤 생각에 귀를 기울일지 선택할 수 있습니다. 비난하는 목소리가 나타날 때 그 메시지에 갇힐 수도 있고, 무시하고 보다 도움이 되는 생각으로 주의를 돌릴 수도 있습니다. 후자를 선택한다고 해서 비난하는 목소리가 사라지지는 않지만, 자신을 대하고 마음에 대응하는 방식에서 보다 유연하고 자비로워질 수 있다는 의미입니다.

우리 팟캐스트 50회에서 러셀 콜츠(Russell Kolts)는 "인간으로서의 삶을 깊이 생각해 보면, 자비심이 가장 중요하더군요."(Kolts, 2018)라고 말합니다. 우리도 이에 전적으로 동의합니다.

오늘의 ACT: 자비로운 내면의 코치

힘든 순간에 자비로운 내면의 코치가 어떤 말을 해 주길 바라나요?(예: 넌 충분히 가치 있는 사람이야. 어떤 모습이든 널 있는 그대로 인정해. 지금 넌 최선을 다하고 있어.)

한 발짝 더 나아가기: 자비의 마음으로 신체 접촉하기

신체 접촉은 자기자비를 증진시키는 강력한 비언어적 방법이 될 수 있습니다. 우리는 아기를 달래고, 연인이나 배우자에게 사랑을 표현하며, 친구들에게 혼자가 아니라는 것을 알려 주기 위해 신체 접촉을 합니다. 지금 바로 따뜻한 신체 접촉을 통해 자기자비를 활성화시킬 수 있습니다.

1. 두 손을 가슴 위에 놓고 심장이 뛰는 걸 느낍니다.
2. 배 위에 한 손을 얹고 다른 손을 가슴에 올려 둔 채로, 길고 천천히 숨을 쉽니다.
3. 손을 양쪽 뺨에 대고, 사랑하는 사람의 얼굴을 감싸듯이 내 얼굴을 감쌉니다.

ACT 점검하기: 오늘의 가치, 목표, 나를 되돌아보기

오늘의 연습

스스로를 비난하는 순간을 알아차려 보세요. 그럴 때는 앞에서 언급한 자비로운 말 중 하나를 부드럽게 반복해 보세요. 그 말을 하며 손을 가슴에 얹는 등의 간단한 자기자비의 몸짓으로 스스로에게 따뜻한 마음을 전해 보세요.

일자: ____________________

3일차 위협과 추진에서 돌봄으로

우리는 어제부터 자기자비 실천을 시작했습니다. 자기자비가 만족감, 유대감, 행복감으로 이어지거나 타인을 보다 친절하게 대하도록 동기부여하는 것을 알아차렸을 것입니다. 이는 자기자비가 소속감과 돌봄을 담당하는 뇌의 정서 시스템을 활성화시키기 때문입니다. 자비중심치료(Gilbert, 2014; Kolts, 2016)에서는 인간에게 서로 다른 기능을 가진 3가지 주요 정서 시스템이 있다고 설명합니다.

- **돌봄 시스템**은 나와 타인을 돌보는 방식을 조절합니다.
- **추진 시스템**은 우리가 생존하고 풍요로운 삶을 사는 데 필요한 자원을 찾습니다.
- **위협 시스템**은 위협을 감지하고, 안전을 추구하도록 동기부여하는 강한 정서를 불러일으킵니다.

이 3가지 모두 생존을 위해 필요하며, 이상적으로는 이들 사이에서 적절한 균형을 찾는 것이 좋습니다. 하지만 때로는 위협 시스템과 추진 시스템이 우리의 경험을 지배하고 돌봄 시스템을 무시할 때가 있습니다.

데비: 가끔 제 추진 시스템이 너무 과하게 작동하는 것 같아요. 할 일이 많아서 모두 처리하기 힘들 정도입니다. 더 많은 것을 성취하면 기분이 좋을 순 있지만, 과잉 추진 모드에 들어가면 추진 시스템이 주도권을 쥐고 돌봄 시스템이 사라져 버립니

다. 그럴 때는 카페인을 과다섭취한 것처럼 집중이 안 되고, 다른 사람들과의 관계가 단절된 느낌이 듭니다. 3가지 정서조절 시스템에 대해 알게 된 이후로는 이러한 기분이 드는 때를 알아차리고 속도를 늦춰서 균형을 되찾으려 노력하고 있습니다.

오늘은 자비중심치료를 통해 위협 시스템과 추진 시스템에 대해 살펴볼 것입니다. 내일은 돌봄 시스템과 자비심을 통해 이 시스템을 활성화시킬 수 있는 방법을 살펴보겠습니다.

오늘의 ACT: 위협 시스템과 추진 시스템

위협 시스템은 위험을 신속하게 피하도록 합니다. 위협을 느낄 때, 우리 몸은 싸우거나 도망가거나 얼어 버릴 준비를 하며, 위험에 집중하면서 분노, 불안 또는 혐오감을 느낄 수 있습니다. 하지만 위협 시스템이 지속적으로 작동하면 불안하거나 짜증이 나고, 스트레스를 받을 수 있으며, 수면에 어려움을 겪기도 합니다.

어떤 사람, 상황 또는 활동이 위협 시스템을 작동시키나요? 그때 몸에서는 어떤 반응이 일어나나요? 나는 어떻게 행동하나요? 현재 이 시스템은 얼마나 강하게 작동하고 있나요? 무엇이 이 시스템을 활성화시키고 있나요?

추진 시스템은 우리가 음식을 구하고, 쉴 곳을 찾으며, 사회적 위치를 확보하고, 짝을 찾도록 동기를 부여합니다. 이 시스템이 활성화되면 신나거나 활력을 느낄 수 있습니다. 하지만 이 시스템이 지나치게 작동하게 되면 갈망, 과도한 바쁨(지나친 분주함), 경쟁심, 공감 감소, 또는 불안감을 경험할 수 있습니다.

어떤 사람, 상황 또는 활동이 추진 시스템을 작동시키나요? 몸에서는 어떤 반응이 일어나나요? 나는 어떻게 행동하나요? 현재 이 시스템은 얼마나 강하게 작동하고 있나요? 그 원인은 무엇인가요?

ACT 점검하기: 오늘의 가치, 목표, 나를 되돌아보기

오늘의 연습

오늘은 나의 위협 시스템과 추진 시스템을 주의 깊게 살펴보세요. 이와 관련된 몸의 감각, 생각, 행동을 알아차려 보세요.

일자: ____________________

4일차 자비심 기르기

어제는 위협 시스템과 추진 시스템에 대해 살펴보았습니다. 오늘은 돌봄 시스템에 대해 알아보겠습니다. 폴 길버트(Paul Gilbert, 2014)의 말처럼, 인간의 뇌가 '복잡한' 것은 우리의 잘못이 아니지만, 우리의 마음과 행동을 돌보는 책임은 우리에게 있습니다. 자비심을 통해 돌봄 시스템을 활성화시킬 수 있습니다.

자비심은 다음 3가지 방향으로 나타날 수 있습니다(Gilbert, 2014).

1. 타인에게 자비 베풀기
2. 타인의 자비 경험하기
3. 스스로에게 자비 베풀기

또한 부드러운 신체 접촉과 느리고 차분한 호흡 같은 몸을 기반으로 한 물리적 진정기법이나, 타인에게 자비심을 느꼈던 순간을 상상함으로써 돌봄 시스템을 활성화시킬 수 있습니다. 돌봄 모드에서는 타인에 대한 공감 능력이 향상되고, 보다 열린 마음을 가지게 되며, 힘들지만 의미 있는 행동에 참여할 수 있는 용기가 생깁니다.

다이애나: 저희 동네에는 '고양이 치료(Cat Therapy)'라는 가게가 있어요. 그곳에서는 구조된 고양이를 안고 놀 수 있고, 신청서를 작성하면 고양이를 집으로 데려갈 수도 있습니다. '치료'라는 이름이 붙은 이유가 이해가 가요. 털이 복실복실한 친구와 자비심을 주고받는 것보다 마음을 편안하게 하는 더 좋은 방법이 있을까요?

오늘의 ACT: 돌봄 시스템

어려움을 겪고 있을 때 타인의 자비를 경험한 순간을 떠올려 보세요. 그 사람이 어떤 말과 행동을 통해 자비심을 표현했나요? 그 사람의 목소리 톤, 몸짓, 표정은 어땠나요?

이제 힘들어하는 누군가에게 자비심을 베푼 순간을 생각해 보세요. 그때 어떤 기분이었나요? 자비심을 표현하기 위해 어떤 말과 행동을 했나요?

현재 겪고 있는 어려움에 대해 적어 보세요. 앞에서 언급한 자비심을 나에게 표현할 수 있다면 어떤 것이 있을까요?

한 발짝 더 나아가기: 오늘 정서 시스템 간의 균형을 잘 유지하고 있나요?

0점(전혀 아님)에서 10점(매우 강함)까지, 오늘 나의 3가지 시스템은 얼마나 강하게 작동하고 있나요?

- 위협 시스템: ________점
- 추진 시스템: ________점
- 돌봄 시스템: ________점

ACT 점검하기: 오늘의 가치, 목표, 나를 되돌아보기

____
____
____
____
____
____
____
____

오늘의 연습

오늘 일상에서 돌봄 시스템을 활성화시키기 위한 간단한 활동에는 어떤 것이 있을까요? 자비로운 마음이 오가는 3가지 방향을 기억하나요? 돌봄 시스템을 활성화시키기 위해 다음의 요소들을 고려해 보세요.

1. 타인에게 자비 베풀기: 낯선 사람에게 미소 짓기, 반려동물 안아 주기, 어려움을 겪고 있는 사랑하는 사람에게 연락하기
2. 타인의 자비 경험하기: 신뢰할 수 있는 사람과 고민을 나누거나, 누군가와 함께 있었을 때 안전하고 편안하며 평화롭게 느꼈던 순간을 떠올려 보기
3. 스스로에게 자비 베풀기: 예를 들어, 부드럽게 호흡하기[심리학자들의 일상 이야기(Psychologists Off the Clock) 89회 참고], 자연 속에서 시간 보내기, 맛있는 차 음미하기, 좋아하는 음악 듣기

앞의 예시 중 하나를 선택하거나, 나만의 예시를 만들어 오늘 바로 시도해 보세요.

일자: ____________________

5일차 진정한 자기돌봄

요즘 자기돌봄에 대한 이야기가 많아지면서, 우리가 잘해야 하지만 잘해내지 못하는 일이 한 가지 늘어난 것처럼 느껴지기도 합니다. 일반적으로 자기돌봄이라고 하면 페디큐어나 거품 목욕의 이미지를 떠올리기 쉽습니다. 하지만 자기돌봄 전문가인 로빈 고빈(Robyn Gobin)은 팟캐스트에서 "진정한 자기돌봄은 **'지금 내 영혼이 가장 필요로 하는 것은 무엇인가?'**라고 스스로에게 묻는 것입니다."라고 말했습니다. 진정한 자기돌봄은 다음과 같은 것을 의미할 수 있습니다.

- 미루고 있던 목표를 향해 한 발짝 내딛기
- 도움 요청하기
- 재정 상황 재정비하기
- 창의적인 활동에 참여하기
- 관계에서 적절한 경계 설정하기
- 미래의 나에게 도움이 되는 변화 만들기

그리고 진정한 자기돌봄은 일(직장, 직업, 그 외 업무 등), 인간관계, 건강관리, 지적 추구, 사회참여/시민의식, 영성 등 삶의 여러 영역에서 실천할 수 있습니다. 이상적인 자기돌봄은 나의 가치에 기반해야 하며, 나의 영혼을 채워 주는 것이어야 합니다.

자기돌봄은 사치스럽거나 이기적이고, 재정적인 여유가 있는 사람들만을 위한 것이라는 생각은 우리가 자기돌봄에 대해 가진 흔한 오해입니다.

실제로는 많은 시간이나 재정적 자원을 필요로 하지 않습니다.

데비: 사람들이 요가 수련회에 가거나 스파를 받으며 자기돌봄을 하는 모습을 보면 부러워요. 하지만 현재 제 삶에서는 그런 일이 일어날 것 같지 않아요. 그래서 잠시 멈추고, 현실적인 제 삶 속에서 나를 잘 돌보기 위해 무엇을 할 수 있을지 생각해 봅니다. 스파에 갈 수 없더라도, 강아지를 산책시키거나 사랑하는 사람과 시간을 보내거나 좀 더 자거나 좋은 책을 읽으며 소파에서 쉬는 시간을 가질 수 있습니다. 이렇게 작지만 의미 있는 여러 방법으로 자기돌봄을 실천할 여유를 만들 수 있습니다.

오늘은 나의 삶을 솔직하게 들여다보고, 진정한 자기돌봄이 나에게 어떤 의미인지 살펴보겠습니다. 타인을 돌보려면 먼저 자신을 돌보는 것이 중요하기 때문입니다.

오늘의 ACT: 진정한 자기돌봄

나를 잘 돌보기 위해 어떤 행동을 하나요?

어떤 방식으로 나에게 소홀히 대하나요? 그로 인해 어떤 영향이 있나요?

이번 달에 나를 더 잘 돌보려면 건강관리, 일(직장, 직업, 그 외 업무 등), 인간관계, 재정, 지적 추구, 이타적인 활동, 영성의 영역에서 자기돌봄이 어떤 모습으로 나타나야 할까요? 일상에서 실천할 수 있는 자기돌봄 방법에는 어떤 것이 있을까요?

ACT 점검하기: 오늘의 가치, 목표, 나를 되돌아보기

오늘의 연습

자기돌봄을 실천할 수 있는 작지만 의미 있는 방법을 하나 찾아서, 오늘 우선적으로 시도해 보세요. 이 방법이 나의 가치와 일치하고 일상생활에서 현실적으로 적용 가능한지 확인해 보세요.

일자: ______________________

6일차 신체적 자기돌봄

다이애나: 저는 척추가 틀어진 척추측만증을 가지고 태어났기 때문에 장시간 앉아 있으면 심한 통증을 느낍니다. 장시간 앉아서 일하는 치료자로서 저는 허리를 관리하기 위해 창의적이고 색다른 방법을 써야 했습니다. 가끔은 짧은 휴식 시간 동안 내담자 맞은편에 쿠션을 깔고 바닥에 앉아 스트레칭을 하거나, 수련생에게 함께 걸으면서 회의를 하자고 요청하기도 합니다. 이러한 노력에도 불구하고 허리가 아픈 날이 많지만, 일을 하면서도 '내 몸 돌보기'라는 가치를 지키고 있다는 사실에 위안을 얻고 있습니다.

ACT 공동창시자인 켈리 윌슨(Kelly Wilson) 박사는 워크숍 참가자들에게 "당신은 어떤 생물(critter)[2)]인가요? 그리고 이 생물이 필요로 하는 것은 무엇인가요?"라고 묻는 것을 좋아합니다. 신체적 자기(physical self)를 돌본다는 것은 가치가 이끄는 삶을 살기 위해 필요한 움직임, 음식, 그리고 휴식이 무엇인지 스스로에게 물어보는 것을 의미합니다. 이러한 활동은 정신건강과 삶의 여러 영역에서 기능하는 방식에 직접적인 영향을 미칩니다. 오늘은 사랑하는 사람을 돌보듯 나의 몸을 돌본다는 것이 어떤 의미인지 알아보고자 합니다.

바쁜 일상 속에서 신체적 자기돌봄은 목이 마르거나 화장실에 가고 싶다는 등의 몸의 필요를 순간적으로 알아차리는 것만큼이나 간단할 수 있습니다. 다른 날에는 움직임, 놀이, 영양가 있는 음식 또는 수면의 필요성

2) 역자 주: 주로 별 볼일 없고 조그마한 생물(예: 벌레, 쥐 등)을 지칭하는 경우가 많다.

에 더 많은 주의를 기울이는 것을 의미할 수도 있습니다.

론다 머윈(Rhonda Merwin) 박사는 따뜻하고 세심한 부모처럼 자신을 돌볼 것을 내담자에게 권장합니다(Merwin, Zucker, & Wilson, 2019). 좋은 부모는 지나치게 엄격하거나 관대하지 않으며, 자녀에게 합리적인 기대를 가지고 명확한 경계를 설정합니다. 좋은 부모는 매일 소소한 일들로 자녀를 보살핍니다. 예를 들어, 병원에 데려가고, 밖에서 시간을 보내도록 권하며, 잠을 재워 주기도 합니다.

오늘의 ACT: 나의 몸 돌보기

내 몸의 신체적 필요를 소홀히 하고 있지는 않은가요? 나의 몸을 더 잘 돌보기 위해 어떤 변화를 고려해 볼 수 있을까요? 좋은 부모가 자녀를 돌보듯이 나의 몸에 관심을 기울이고 돌본다면, 어떤 방법으로 나를 돌볼 수 있을까요?

ACT 점검하기: 오늘의 가치, 목표, 나를 되돌아보기

한 발짝 더 나아가기: 스스로를 돌보기

따뜻하고 세심한 부모로서 당신이 건강한 목표와 현실적인 기대를 가지고 하루를 시작한다고 상상해 보세요. 오늘은 좋은 부모가 자녀를 돌보는 것처럼 스스로를 돌보는 모습을 상상해 보세요.

오늘의 연습

오늘 내 몸을 돌보기 위해 할 수 있는 작지만 의미 있는 일을 하나 찾아보세요. 몸이 건강해지려면 무엇이 필요할까요? 더 많은 휴식? 더 많은 움직임? 더 신선한 음식? 어떤 것을 선택하든, 실천한 후에는 이러한 방법으로 내 몸을 돌보는 것이 어떤 느낌인지 알아차려 보세요.

일자: ____________________

7일차 시간을 의도적으로 사용하기

시간을 쪼개서 『매일 ACT하기』를 실천하고 이를 습관화하는 것은 어려울 수 있습니다. 바쁜 일상 속에서 단 15분의 여유 시간을 확보하기란 쉽지 않습니다. 시간이 어떻게 흘러가는지 모르는 경우가 많기 때문에, 주기적으로 스스로를 점검하고 제한된 시간 자원을 어떻게 사용하고 있는지 평가하는 것이 중요합니다.

매일 새로운 하루는 우리가 시간을 어떻게 사용할지 의도를 가지고 계획하고 가장 중요한 일에 집중할 수 있는 기회를 제공합니다. 매일 어떤 일을 먼저 할지 정하고, 만들고 싶은 습관을 계획하는 것이 도움이 됩니다. 실제로 시간을 어떻게 보내고 있는지 알아보려면 시간 일지를 작성해 보세요(Vanderkam, 2018). 나의 패턴을 살펴보면 중요하지 않은 일에 매주 몇 시간을 소비하고 있었다는 사실에 놀랄 수도 있습니다.

매 순간 바쁘거나 생산적이어야 한다는 의미는 아닙니다. 실제로, 쉬는 것은 최고의 시간 활용 방법 중 하나가 될 수 있습니다! 하지만 의도를 가지고 휴식을 취하는 것과 온라인상의 화면을 스크롤하느라 정작 중요한 일을 하지 못하고 시간을 허비하는 것은 전혀 다른 문제입니다.

내가 실제로 시간을 어떻게 사용하고 있는지 솔직하게 돌아보세요. 가장 중요한 일에 더 많은 시간을 보낼 수 있다면 어떨까요?

데비: 소설을 읽는 것이 인생에서 가장 큰 즐거움 중 하나인데, 가끔은 너무 바빠서 읽을 시간이 없다고 생각하곤 합니다. 시간 일지를 작성해 보니 실제로는 독서에 꽤 많은 시간을 할애하고 있었고, 다른 한편으로는 휴대폰으로 뉴스와 소셜미디어 사이트를 스크롤하며 '쓸모없는' 글에도 시간을 낭비하고 있다는 것을 깨달았습니다. 제가 정말 소설을 읽고 싶다면, 휴대폰을 내려놓고 좋은 책을 읽는 데 시간을 더 할애할 수도 있습니다.

오늘의 ACT: 나의 가장 이상적인 하루

원하는 대로 시간을 보낼 수 있는 이상적인 하루를 상상해 보세요. 누구와 함께 시간을 보내고, 무엇을 할 건가요?

ACT 점검하기: 오늘의 가치, 목표, 나를 되돌아보기

오늘의 연습

다음 공간이나 별도의 종이에 오늘 시간을 어떻게 보냈는지 간단하게 적어 보세요. 하루가 끝난 후, 앞에서 작성한 이상적인 하루와 비교해 보세요. 나에게 의미 있는 방식으로 시간을 사용하고 있나요?

기상 시간: 오전/오후 ________ 시 ________ 분

취침 시간: 오전/오후 ________ 시 ________ 분

한 주를 되돌아보기

『매일 ACT하기』의 첫 주차를 완료한 것을 축하합니다! 이번 주차 작업은 심리적 유연성이 싹틀 수 있는 토양을 마련하는 데 도움이 되었습니다. 잠시 시간을 내어 다른 주차들의 내용을 훑어보고 다음에 어떤 주차를 시도할지 결정해 보세요. 어떤 주차를 선택하든 그곳에서 만나요!

2주차

현재 순간에 접촉하기: 현재를 살아가기

최신 기술, 넘치는 정보, 그리고 빠르게 변화하는 삶은 모두 한정된 자원인 우리의 주의를 끌기 위해 경쟁합니다. 우리는 종종 미래에서 과거로, 과거에서 다시 미래로 생각이 왔다 갔다 하며 산만한 상태로 살아갑니다. 대부분의 경우 그렇듯이, 지금 여기에서 하고 있는 일로부터 마음이 멀어지면(Killingsworth & Gilbert, 2010), 삶에서 뭔가 놓치고 있는 것처럼 느낄 수 있습니다. 실제로 그렇게 되기도 합니다. 이 상태에서는 큰 주의를 기울이지 않고 사건에 반응하며 비행기의 자동조종 시스템을 켜 둔 것처럼 무의식적으로 살아가게 됩니다.

연습을 통해 한 발짝 물러서서 지금 무슨 일이 일어나고 있는지 알아차리고, 이 깊어진 인식을 바탕으로 보다 의도적이고 신중한 선택을 할 수 있습니다. ACT의 심리적 유연성 과정인 '현재 순간에 접촉하기'는 우리가 내 경험의 중심에 서 있도록 도와줍니다. 수천 년 전 여러 종교의 전통적인 원칙에 따르면, 현재 순간에 접촉하는 것은 생각, 감정, 행동을 더 잘 알아차리게 해 줍니다. 이 과정에서 습관적이고 무의식적인 행동을 줄이고, 지금 이 순간에 의식적이고 의도적인 선택을 할 수 있게 됩니다.

다이애나: 어릴 적 누군가 저에게 커서 뭐가 되고 싶냐고 물으면, 저는 '달팽이'라고 대답하곤 했습니다. 달팽이가 집을 등에 지고 자기 속도로 행복하게 살아가는 모습이 좋았거든요. 크면서 달팽이가 되겠다는 꿈은 접었지만, 대신 학교를 졸업하거나 결혼을 하거나 아이를 낳으면 행복해질 거라 믿었습니다. 하지만 다음 목표를 향해 달려가느라 그 순간을 제대로 즐기지 못했어요. 하나의 목표를 달성하면 또 다른 목표가 생기곤 했습니다. 현재 순간에 접촉하는 것은 '지금'이 저의 '집'이라는 것을 깨닫게 해 줍니다. 어디를 가든 등에 집을 지닌 달팽이처럼, 저는 제가 항상 원했던 삶을 살 수 있습니다.

최근 연구(예: Goleman & Davidson, 2017)에 따르면 현재 순간에 주의를 기울이는 것이 다음과 같은 이점을 제공할 수 있다고 합니다.

- 스트레스 회복력 향상
- 주의 집중
- 타인을 향한 보다 큰 자비심
- 염증 감소 및 건강 개선
- 수면 지표 개선

마음챙김으로도 알려진 현재 순간에 접촉하기는 만성통증, 중독, 우울증 재발방지, 불안치료에 효과적이라는 연구 결과가 많이 있습니다(Kabat-Zinn, Lipworth, & Burney, 1985; Kabat-Zinn et al., 1992; Teasdale et al., 2000; Witkiewitz et al., 2013).

형식을 갖춘 명상은 마음챙김 기술을 강화하는 데 유용한 방법이지만, ACT를 수행하기 위해 반드시 필요한 것은 아닙니다(Wilson & DuFrene, 2009). 대신 ACT에서는 일상생활 속에서의 알아차림을 강조합니다. 현재 순간에 접촉하기 활동은 조용히 방석에 앉아 있을 때뿐만 아니라, 아침을 준비하거나 샤워를 하거나 출근길 교통체증 속에서도 할 수 있습니다!

이번 주차에는 현재의 순간을 더 잘 알아차리는 데 도움이 되는 일련의 디딤돌을 소개합니다. 알아차림이 필요한 영역을 살펴보고, 새로운 기술을 연습하며, 당신에게 가장 중요한 영역에 의식적으로 주의를 기울이는 시간을 갖게 될 것입니다.

일자: ____________________

1일차 자동조종 시스템

데비: 솔직히 고백하자면, 저는 평일 출근길 차 안에서 팟캐스트를 들으며 아침을 먹곤 합니다. 오랜 기간 운전을 해 왔기 때문에 큰 어려움 없이 안전하게 도착할 수 있죠. 운전 중에 식사를 많이 하다 보니 아몬드 버터 토스트를 먹어도 거의 의식하지 못할 정도입니다. 사실 인간은 도로, 팟캐스트, 음식에 동시에 주의를 기울이기 어렵습니다. 그래서 가끔 식사나 운전한 기억이 거의 없는 상태로 직장에 도착하곤 합니다. 조금만 더 주의를 기울였다면 어떤 것을 알아차렸을지 궁금합니다.

우리는 식사나 운전 같은 많은 일상적인 일을 별 생각 없이 할 수 있습니다. 자동조종 시스템처럼 무의식적으로 행동하는 것이 편리할 때도 있지만, 하고 있는 일에 주의를 기울이지 않으면 우리 삶의 순간들을 놓칠 수 있습니다. 이러한 상태에 의존하는 생활은 자동적이고 도움이 되지 않는 습관으로 이어질 수 있습니다. 예를 들어, 지루할 때마다 무심코 핸드폰을 집어 들거나, 퇴근 후에 실제로 원하든 원하지 않든 무의식적으로 와인 한 잔을 마실 수도 있습니다. 이는 마치 안개 속을 헤매는 것 같은 느낌을 주고, 주의를 기울이지 않고 기계적으로 행동하는 것 같은 기분이 들게 합니다. 요가 선생님이 다이애나에게 "당신의 삶에서 무언가가 빠져 있다고 느껴진다면… 그건 바로 당신일지도 몰라요!"라고 말한 적이 있습니다.

현재 순간에 접촉하는 것은 현재 일어나고 있는 일에 보다 주의를 기울이고, 우리의 행동을 보다 신중하게 선택하는 데 도움이 됩니다. 이렇게 함으로써, 빠르게 지나가는 삶 속에서도 덜 산만해지고, 삶의 어려움에 대처할 수 있는 안정된 중심을 찾을 수 있습니다.

오늘의 ACT: 산만한 상태에서 집중하는 상태로

어떤 상황에서 서두르거나, 무의식적으로 행동하거나, 산만해진다고 느끼나요?

어떤 사람, 활동, 순간에 보다 집중하고 몰입하고 싶나요?

한 발짝 더 나아가기: 오늘 내가 집중할 것은?

오늘 일정을 살펴보세요. 어떤 일에 온전히 주의를 기울이며 경험하고 싶은가요?

ACT 점검하기: 오늘의 가치, 목표, 나를 되돌아보기

오늘의 연습

오늘은 쉽게 산만해지는 나의 마음을 알아차려 보세요. 생각을 바꾸려 애쓰기보다는, 위에 나열한 중요한 일들 중 하나를 골라 자신이 서두르거나 산만해지거나 집중하지 못하는 순간을 포착할 수 있는지 살펴보세요. 가능한 한 스스로에 대해 많이 알아차리는 목표를 세워 보세요. 그렇게 할수록 현재에 집중하는 능력이 더욱 강화됩니다.

일자: ____________________

2일차 초심자의 마음

우리는 종종 '나는 이미 알고 있다.'라는 태도로 삶을 살아갑니다. 우리 집, 우리 가족, 우리 동네가 어떤 모습인지 이미 알고 있는데 왜 다시 살펴볼 필요가 있을까요? 이미 안다는 것은 현재의 소소한 것들을 놓치게 만듭니다. 초심자의 마음이란, 이전에 한 적도, 본 적도 없는 것처럼 경험하는 능력입니다(McKay, Wood, & Brantley, 2019). 나는 지금 무엇을 보고, 듣고, 느끼고 있나요? 초심자의 마음으로 바라보면, 선입견 없이 사물에 집중할 수 있게 됩니다.

다이애나: 얼마 전, 저는 다른 사람의 멀치(mulch)[1)]를 퍼내는 일에 제 시간과 에너지를 투자했습니다. 저는 생체역학자인 케이티 보우먼(Katy Bowman)과 함께 수련회에 참가하여, 간단한 일상활동 속에서 더 많은 움직임을 자연스럽게 녹여 내는 방법을 배웠습니다. 평소라면 멀치를 퍼내는 일을 단조롭고 귀찮은 일로 생각했겠지만, 초심자의 마음으로 바라보니 제 몸을 움직일 수 있는 좋은 기회로 느껴졌습니다! 그리고 다른 사람들과 함께 멀치를 퍼내는 것은 사람들과 관계를 맺는 계기가 된다는 추가적인 이점도 있었습니다.

초심자의 마음을 가지고 산다는 것은 더러워진 자동차 앞유리를 깨끗이 닦는 것과 같습니다. 이를 통해 삶에서 놓치고 있던 것들을 실제로 보게 되고, 그것들이 생각한 것과 다르다는 것을 알게 됩니다.

1) 역자 주: 잡초가 자라거나 땅의 수분이 감소하는 것을 막기 위해 식물 주위에 뿌리는 짚단, 낙엽, 나무 부스러기 따위의 층을 말한다.

예를 들어, 다이애나는 다양한 이유로 식단을 제한해야 하는 내담자에게 초심자의 마음으로 식사해 보라고 자주 권합니다. 그녀는 눈앞에 놓인 음식을 이전에 한 번도 먹어 본 적이 없다고 상상하고, 처음인 것처럼 음식을 맛보라고 제안합니다. 내담자들은 새로운 알아차림을 통해 새로운 음식에 도전하고자 하는 의지가 더 커진다고 자주 말합니다.

오늘의 ACT: 지금 있는 곳에서 시작하기

지금 내가 앉아 있는 방을 한 번도 본 적이 없다고 생각하고 주변을 둘러보세요. 미처 눈치채지 못했거나 알아차리지 못했던 세부사항들을 찾아보세요. 이 공간을 둘러보며 신기함을 느끼고, 새롭게 보이는 것들에 대해 적어 보세요. 또 어디에서 초심자의 마음을 사용해 보고 싶나요?

한 발짝 더 나아가기: 몸부터 시작하기

우리는 종종 우리 몸을 바라보며 결점을 찾고, 좋고 나쁨을 판단합니다. 이번에는 색다른 시도를 해 보세요. 다음에 화장실에 간다면, 잠시 시간을 내어 거울 속 자신의 눈을 처음 보는 것처럼 바라보세요. 홍채, 속눈썹, 눈물샘의 색을 관찰해 보세요. 1분 이상 시간이 있다면, 얼굴의 다른 부분도 살펴보고, 원한다면 내가 보기 싫다고 생각하는 몸의 부위도 보세요. 초심자의 마음으로 이 부위를 바라보면 어떤 일이 일어날까요?

ACT 점검하기: 오늘의 가치, 목표, 나를 되돌아보기

오늘의 연습

오늘은 초심자의 마음으로 하루를 지내 보세요. 마치 한 번도 본 적이 없는 것처럼 하루를 시작해 보세요.

일자: ____________________

3일차 일상의 삶 음미하기

데비: 저는 오랫동안 장애인과 만성질환이 있는 사람들을 위한 상담을 전문으로 해 왔습니다. 어떤 내담자들은 도움이나 특별한 장비 없이는 기본적인 일들을 수행하는 데 어려움을 겪었습니다. 예를 들어, 양말을 신거나 칼로 음식을 자르는 것은 갑작스럽게 손 기능을 잃은 사람들에게 매우 힘든 일이 될 수 있습니다. 이러한 경험은 사람들이 예전에는 평범하게 여겼던 일들에 대한 큰 상실감을 느끼게 합니다. 우리는 일상에서 아무 생각 없이 수행하는 간단한 일들을 당연하게 여기는 경향이 있습니다.

매일 수많은 소소한 순간들이 우리를 스쳐 지나갑니다. 예를 들어, 코로나19가 발생하자 많은 사람들이 친구를 안아 주고, 아이들이 친구들과 자유롭게 노는 모습을 지켜보고, 이웃을 위해 차 한 잔 나누는 등의 잠시 중단된 소박한 일상을 그리워하기 시작했습니다. 우리가 좋아하는 것들을 얼마나 쉽게 지나쳤는지를 깨닫게 되었는데, 이는 우리가 그것들에 신경을 쓰지 않았기 때문입니다. 만약 이 활동들이 사라질 것이라는 사실을 미리 알았다면, 아마 우리는 이를 다르게 대했을지도 모릅니다.

우리는 행복한 순간을 쉽게 지나쳐 버리고, 우리의 주의를 끄는 순간이 언제나 긍정적이거나 원했던 순간은 아닐 수도 있습니다. 인간의 뇌는 긍정적인 경험은 무시하고 부정적인 경험에 더욱 주의를 기울이는 경향이 있습니다. 이러한 경향이 우리의 안전을 지키고 생존에 도움이 될 수 있기 때문입니다.

좋은 소식은 나에게 중요한 경험을 의도를 가지고 음미함으로써 삶을 더욱 풍요롭게 만들 수 있다는 것입니다. 만족감과 친밀감을 느끼고 싶나요? 감사함과 기쁨을 느끼고 싶나요? 릭 핸슨(Rick Hanson, 2018)에 따르면, 긍정적인 감정을 음미하며 의도를 가지고 알아차리는 연습을 하면 실제로 우리의 뇌신경 구조를 바꿀 수 있습니다! 긍정적인 경험을 오래 음미하고 더 깊이 느낄수록, 그것이 장기 기억으로 더 잘 전이됩니다.

오늘의 ACT: 일상에 감사하기

삶에서 당연하게 여기는 순간에는 어떤 것이 있나요? 그중 일상에서 음미하거나 오래 간직하고 싶은 순간은 무엇인가요? 그리고 그 순간들 가운데, 어떤 것에 깊이 감사함을 느낄 수 있을까요?

한 발짝 더 나아가기: 소소한 일들

앞으로의 하루를 생각해 보세요. 오늘이 일상적인 활동(세수하기, 직장 동료와 인사하기, 손을 움직여 칼질하기)을 하는 마지막 날이라고 상상해 보세요. 하루 중 어떤 활동을 좀 더 오랫동안 음미하고 감사함을 느끼며 보내고 싶나요?

ACT 점검하기: 오늘의 가치, 목표, 나를 되돌아보기

오늘의 연습

오늘은 소소한 즐거움의 순간을 음미하며 기억에 새기는 연습을 해 보세요. 그런 순간을 발견하면, 2일차에 다룬 초심자의 마음으로 새롭게 바라보고 더 온전히 느껴 보세요.

일자: ____________________

4일차 체화(體化): 몸으로 익히기

다이애나: 대학원에서 저는 섭식장애를 위한 식욕 알아차림 훈련에 대해 연구했습니다. 반복적으로 포만감 신호를 무시해 온 경우, 포만감 신호를 찾고 이를 신뢰하는 과정은 긴 여정이 될 수 있습니다. 그래서 내담자들에게 '내가 정말 원하는 게 무엇인가?' '만족감은 어떤 느낌인가?' '이것은 배고픔인가 불안인가?' '화가 난 것인가, 배가 부른 것인가?'를 생각해 보도록 했습니다. 내담자들이 몸의 요구와 필요를 재발견하면서, 더 깊은 내적 통찰을 경험하게 되었습니다. 몸에 귀를 기울이면 그 지혜를 들을 수 있습니다.

내면을 들여다보면 배고픔, 감정, 호흡, 신체적 고통 등 다양한 감각의 세계가 펼쳐져 있음을 알게 될 것입니다. 우리 몸은 하루 종일 항상성, 즉 균형 상태를 유지하기 위해 신호를 보냅니다. 하지만 우리는 종종 이러한 신호를 무시하거나 놓치곤 합니다. 아기였을 때는 자연스럽게 몸의 신호에 민감하게 주의를 기울였지만, 시간이 지나면서 외부 세계에 더 집중하는 법을 배우게 되었을 것입니다. 성인이 되면서 우리는 점점 몸과 멀어지게 됩니다.

- 다이어트나 과식을 통해 포만감 신호를 무시하고 있지는 않나요?
- 카페인으로 피로감을 무시하고 있지는 않나요?
- 약물로 아픔이나 통증을 달래고 있지는 않나요?
- 생각에 너무 몰두해 몸의 신호나 감각을 무시하고 있지는 않나요?

모든 순간마다 몸에 집중하는 것이 도움이 되는 것은 아니지만, 지속적으로 몸의 신호를 무시하면 몸이 주는 다양한 정보를 놓치게 됩니다. 때로는 몸의 신호를 통제하려는 시도가 오히려 역효과를 낼 수 있습니다.

오늘은 몸의 내부 감각을 알아차리는 데 집중하여 몸으로 익히는 연습을 할 것입니다.

오늘의 ACT: 몸의 신호에 주의 기울이기

몸의 신호에 주의를 기울이고 있나요, 아니면 대부분의 시간을 생각에 빠져 지내고 있나요? 몸의 신호를 어떻게 무시하거나 감추고 있나요? 몸의 신호에 주의를 기울이지 않으면 어떤 일이 생길까요?

이제 주의를 몸 안으로 돌려 보세요. 배고픔, 몸의 아픔과 통증, 긴장, 피로 수준을 알아차려 보세요. 이러한 느낌에 대해 적어 보세요. 지금 나의 몸은 무엇을 필요로 하고 있나요?

ACT 점검하기: 오늘의 가치, 목표, 나를 되돌아보기

오늘의 연습

몸에 대한 알아차림을 높이고 몸 안에서 느껴지는 경험에 집중해 보세요. 다음 연습 중 하나를 선택해서 해 보세요.

- 오늘 하루 동안 3번 무작위로 알람을 설정하고, 알람이 울릴 때 "지금 내 몸에서 무슨 일이 일어나고 있지?"라고 질문해 보세요.
- 맨발로 밖에 나가 풀, 돌, 흙 등 다양한 질감을 느끼면서 걸어 보세요.
- 식사할 때마다 식욕 알아차림 훈련(Craighead, 2006)을 통해 배고픔과 포만감을 점검해 보세요. 식사하기 전에 0(매우 배고픔)부터 7(매우 배부름)까지의 척도로 얼마나 배고픈지 기록하고, 식사 후에 다시 평가해 보세요.
- 호흡에 주의를 기울여 보세요. 호흡이 몸의 어디로 들어가고 나오는지, 리듬은 어떤지, 그리고 호흡이 멈추는 순간을 몸의 어디에서 경험하는지 알아차려 보세요. 또는 심리학자들의 일상 이야기(Psychologists Off the Clock) 81회(Hill, 2019a)에서 소개된 10분 호흡 명상을 시도해 보세요.

일자: ____________________

5일차 마음 알아차리기

샤워할 때 너무 많은 생각을 해서 샴푸를 했는지 안 했는지 기억이 나지 않은 적이 있나요? 또는 라디오를 들으면서 할 일 목록을 생각하느라 뉴스 내용을 놓친 적이 있나요? 우리의 마음은 멈추지 않고 계속 이야기하고 싶어 합니다. 걱정하거나 문제를 분석하거나 기억을 되짚어 보느라 분주할 때, 눈앞에서 일어나고 있는 일들을 놓칠 수 있습니다.

데비: 몇 년 전, 솔트레이크시티에서 ACT 교육을 진행한 적이 있습니다. 호텔에 체크인한 후 저녁식사를 하러 걸어갔습니다. 걷는 동안 검토할 자료를 생각하고, 여행 일정을 고민하고, 낯선 도시에서 괜찮은 저녁식사를 어디서 할지 고민하느라 정신이 없었어요. 두 블록 정도 걸어가다 고개를 들어 보니 눈 덮인 아름다운 산맥이 눈앞에 펼쳐져 있었어요! 인생은 종종 이런 것 같습니다. 생각에 너무 몰두하다 보니 눈앞에 있는 것들을 놓치게 됩니다.

ACT 강사조차도 가끔은 마음이 딴 데로 새는 경우가 있습니다. 이를 방치하면 우리의 마음은 우리가 하고 있는 일과는 관계 없는 다른 생각으로 쉽게 흘러갑니다. 하지만 이것이 꼭 나쁜 것만은 아닙니다. 가끔은 마음이 자유롭게 떠돌아야 휴식을 취할 수 있습니다. 계속해서 집중하다 보면 마음이 쉽게 지치기 마련입니다. 마음이 떠돌면 창의력이 발휘될 수 있고(Preiss et al., 2016), 흥미로운 주제로 떠돌 경우 기분이 좋아질 수도 있습니다(Franklin et al., 2013). 하지만 만약 계속해서 주의가 산만하다면 중요한 순간들을 놓칠 가능성이 높아집니다.

나와 마음의 관계를 바꾸는 첫 번째 단계는 마음을 알아차리는 것입니다. 생각의 패턴을 알아차리면, 생각에 휘둘리지 않게 됩니다. 먼저 나의 생각에 대한 알아차림을 높이는 것부터 시작해 봅시다.

오늘의 ACT: 오늘의 마음 상태

오늘 나의 마음은 어떤 상태인가요? 분주한 상태인가요? 따분한 상태인가요? 차분한 상태인가요? 산만한 상태인가요? 의식이 또렷한 상태인가요? 지금 이 순간, 어떤 생각을 적고 싶은 마음이 드는지 알아차려 보세요. 그리고 그 상태를 간단히 표현해 보세요.

한 발짝 더 나아가기: 실시간 해설

1분 동안 떠오르는 모든 생각을 적어 보세요. 끝난 후에는 한 발짝 물러서서 생각의 내용을 살펴보세요.

ACT 점검하기: 오늘의 가치, 목표, 나를 되돌아보기

오늘의 연습

때때로 침묵은 현재의 경험에 더 집중하는 데 도움이 될 수 있습니다. 예를 들어, 프랑스의 틱낫한 수도원에서는 승려들과 비구니들이 저녁식사부터 아침식사까지 '고귀한 침묵'을 수행하도록 권장합니다. 고귀한 침묵은 대화하지 않을 수 있는 기회를 제공하므로, 사람들은 자신의 마음, 몸, 그리고 현재 순간을 더 잘 알아차릴 수 있습니다. 오늘은 고귀한 침묵 속에서 식사하거나, 산책하거나, 야외에 앉아 있는 시간을 가져 보세요. 그리고 당신의 마음 상태와 내용, 그리고 주변의 세상을 알아차려 보세요.

일자: ___________________

6일차 감정 알아차리기

데비: 한번은 직장에서 힘들고 불편할 것으로 예상되는 대화를 해야 했던 적이 있었습니다. 대화를 해야 할 때가 다가올수록 저는 감정적으로 방어적인 태도를 취하고 스스로를 다독이며 빨리 끝나길 바라는 마음이 커졌습니다. 그런데 제 생각과 감정을 알아차리게 되면서 방향을 바꾸기로 했습니다. 진솔하고 열린 마음으로 용기를 내어 대화에 임하겠다고 의식적으로 결심했습니다. 결과적으로 그 대화는 의미 있는 시간이 되었습니다. 만약 제가 제 생각과 감정을 먼저 알아차리지 않았다면, 이러한 결과는 없었을 것입니다.

자신의 정서적 경험에 주의를 기울이면 진솔하게 표현하고, 열린 마음으로 두려운 일에도 용기를 내어 접근하는 것이 더 쉬워집니다. 대부분의 사람들은 하루 동안 다양한 감정을 느끼는데, 이는 결코 우연이 아닙니다. 두려움은 생존에 도움이 되고, 수치심과 같은 도덕적인 감정은 다른 사람들과의 유대감을 형성하는 데 기여하며, 행복은 동기를 부여하고, 슬픔은 우리가 무언가를 소중히 여기고 있다는 것을 나타냅니다.

감정은 복잡합니다. 감정은 생각 및 기억과 연결되어 있고, 강한 신체적 반응과 행동하려는 충동을 포함할 수 있습니다. 어떤 감정은 몇 초, 어떤 감정은 몇 분 동안 지속되며, 그보다 오래 지속되면 기분이 될 수 있습니다. 우리 중 많은 사람들은 평생 감정을 무시하거나 밀어내느라 자신의 감정을 알아차리지 못하는 경우가 많습니다. 다음은 몇 가지 예시입니다.

- 스트레스를 받을 때 핸드폰이나 간식을 찾게 될 수 있습니다.

- 막연하게 불편함을 느끼지만, 그 불편함의 정체를 알지 못할 수 있습니다.
- 상처를 받고 있다는 사실을 깨닫지 못한 채 연인이나 배우자와 싸움을 시작할 수 있습니다.

감정에 대한 알아차림을 높이고 느끼는 감정에 진정으로 마음을 열면 심리적 유연성이 자라납니다. 정서 지능이 향상되어 타인과의 공감과 소통 능력이 좋아지고, 리더로서의 역량도 강화됩니다(Goleman, 2005). 시간이 지나면서 우리는 감정을 받아들이고, 그것을 유용한 정보로 바라보며, 알아차림과 멀어져 자동적으로 반응하는 대신 가치에 따라 선택할 수 있게 될 것입니다.

오늘의 ACT: 어떤 감정을 느끼고 있나요?

지금 느끼고 있는 감정에 대해 설명해 보세요. 몸의 어느 부위에서 느껴지나요? 어떤 감각이 느껴지나요? 지금 느끼는 감정과 관련된 충동, 이미지 또는 기억은 무엇인가요?

한 발짝 더 나아가기: 감정을 몸으로 느껴 보기

앞에서 작성한 감정 중 하나를 선택해 탐색해 보세요. 몸의 어느 부위에서 느껴지나요? 묵직한 느낌인가요, 가벼운 느낌인가요? 몸 안에서 이리저리 움직이는 것처럼 느껴지나요? 차갑거나 뜨겁게 느껴지나요? 몸 안에서 어떤 감각이 느껴지나요?

ACT 점검하기: 오늘의 가치, 목표, 나를 되돌아보기

오늘의 연습

오늘은 내가 정말 중요하게 생각하는 활동 하나를 선택하고 온 마음을 다해 실천해 보세요. 그 활동을 하면서 감정을 몸으로 느껴 보고 현재에 온전히 집중하여 그 감정에 마음을 열어 보세요.

일자: ____________________

7일차 중요한 것에 주의 기울이기

우리는 당신이 삶을 최대한 의미 있게 살아갈 수 있도록 돕기 위해, 함께 알아차림을 키워 왔습니다. 여기에서 '현재 순간에 접촉하기'와 '가치'가 만나게 됩니다(6주차 참조). 하지만 모든 순간에 100% 집중하기를 기대하거나 바라지 않습니다. 대신, 인간관계나 업무와 같은 중요한 순간에 더 알아차리고 몰입할 수 있도록 노력해 보세요.

다이애나: 저는 가끔 제 배우자에게 '호머의 선물'로 커플상담 수련회 참가권을 선물합니다(예: 호머 심슨이 마지에게 'H'가 새겨진 볼링공을 선물할 때처럼요)[2]. 한 수련회에서 우리는 배우자에게 다가서거나 멀어질 수 있는 기회인 '순간의 선택(sliding doors moment)[3]'에 대해 배웠습니다(Gottman & Silver, 2013). 이러한 순간의 선택은 결혼생활을 더 좋게 하거나 나쁘게 만들 수 있습니다. 저는 제가 얼마나 자주 '순간의 선택'을 잘 하지 못했는지 깨달았습니다. 예를 들면 다음과 같습니다.

다이애나의 남편: "여보, 저기 붉은꼬리매 좀 봐."

다이애나: "잠깐만, 지금 내담자 일정을 잡아야 해."

인간관계에서 정서적으로 잘 반응하고 받아들이려면, 사랑하는 사람을 온전히 보고 들을 필요가 있습니다. 친구가 이별을 겪고 있을 때는 조언하기보다 진심으로 들어 주는 것이 더 큰 위로가 됩니다. 아이들이 다쳤을

2) 역자 주: 호머 심슨(Homer Simpson)은 미국의 애니메이션 '심슨 가족(The Simpsons)'의 주요 캐릭터 중 하나이다. 저자는 '호머의 선물'이라는 표현을 사용하여 엉뚱하거나 예상치 못한 선물을 주는 것을 뜻하고 있다.

3) 역자 주: 어떤 선택을 했는가에 따라 전혀 다른 삶이 펼쳐질 때를 일컫는 말이다.

때는 얼음팩을 급히 찾기보다 먼저 안아 주는 것이 더 큰 위로가 됩니다. 배우자가 밖에 붉은꼬리매가 있다고 말하면, 한번 주변을 둘러보는 것이 좋습니다.

일 역시 마음을 다해 집중하기 어려운 영역 중 하나입니다. 우리는 직장 일, 집안일, 그리고 다른 생산적인 활동에 많은 시간을 보냅니다. 스트레스가 많은 상황이나 불쾌한 일을 겪을 때, 화를 내거나 회피하거나 미루고 싶을 수 있습니다.

인간관계와 일에 주의를 기울이는 것은 고강도 인터벌 운동[4]과 매우 비슷합니다. 짧은 시간의 노력만으로도 심리적 유연성에 큰 영향을 줄 수 있습니다!

오늘의 ACT: 사랑과 일에서의 보다 높은 알아차림

나에게 정말 소중한 사람들을 적어 보세요. 누군가가 당신의 관심을 받으려고 보내는 신호나 요청을 어떻게 놓치고 있나요? 어떻게 하면 더 진심을 담아 보여 줄 수 있을까요? 사랑하는 사람들에게 더 집중하기 위해 오늘 내가 할 수 있는 한 가지 행동은 무엇인가요?

4) 역자 주: 고강도 운동과 휴식을 번갈아 수행하는 운동법을 의미한다.

일은 어떤가요? 어떻게 하면 더 온전하게 일을 할 수 있을까요? 언제 주의가 산만해지거나 비생산적이게 되나요? 오늘 일에 더 집중하기 위해 내가 할 수 있는 것은 무엇인가요?

ACT 점검하기: 오늘의 가치, 목표, 나를 되돌아보기

오늘의 연습

오늘은 사랑하는 사람이나 일, 또는 그 밖에 다른 중요한 일에 집중하는 연습을 해 보세요. 주의가 흐트러지는 순간을 알아차리고, 다시 집중하는 연습을 반복해 보세요.

한 주를 되돌아보기

이번 주차에는 현재 순간을 더 잘 알아차리기 위한 연습을 했습니다. 이를 통해 자동조종 시스템에 의존하는 삶에서 벗어나 몸, 감정, 마음에서 펼쳐지는 이 순간의 충만함을 음미하는 '초심자의 마음'을 키우게 되었습니다. 현재 순간에 주의를 기울이는 ACT 과정은 이 책의 모든 주차에 포함되어 있습니다. 다음 주차(3주차)의 주제인 '생각에서 빠져나오기' 또는 다른 주차의 ACT 과정으로 넘어갈 때 초심자의 마음을 함께 챙겨 가세요!

3주차

인지적 탈융합: 머릿속 괴물 맞이하기

다이애나: 우리 큰 아들이 3세 때 밤에 방에서 괴물을 보고 잠에서 깬 적이 있었습니다. 저는 대부분의 부모들처럼 아들에게 "얘야, 괴물 같은 건 없어."라고 말하고 싶었지만 ACT 치료자로서 저는 대신 괴물을 맞이하는 법을 가르쳤습니다. "괴물은 어떻게 생겼어? 방 어디에 있어? 괴물이 너에게 바라는 게 뭐라고 생각해?" 아들이 괴물이 배고픈 것 같다고 말했을 때, 우리는 괴물을 위해 시리얼 한 그릇을 만들어 주었습니다. 며칠 밤 동안 문 앞에 시리얼을 놓아두었더니 괴물은 더 이상 아들을 깨우지 않았습니다. 아마도 괴물이 배가 불러서 더 이상 아들을 깨울 필요가 없었던 것 같습니다.

밤에 잠에서 깨어 자기만의 괴물을 머릿속에 그려 본 적이 있을 것입니다. 미래에 대한 걱정, 직장 문제, 또는 인간관계에 대한 고민에 사로잡힌 적이 있지 않나요? 괴물에 대해 이성적으로 설명하려 해도 아이는 이해하지 못하듯, 새벽 2시에 자신의 마음속 문제를 이성적으로 다루려 해도 잘 되지 않는 경우가 많습니다.

한밤중에 하는 생각은 인간이라면 누구나 경험하는 자연스러운 일입니다. 인간의 뇌는 언어를 창조하는 특별한 능력을 가지고 있으며, 이를 통해 생각하고, 계획하고, 상상하고, 의미를 만들어 냅니다. 하지만 언어는 양날의 검과 같습니다. 언어를 통해 걱정하고, 되새기며, 규칙을 만들고,

판단할 수 있습니다. 특히 괴로운 생각이 들 때에는 설득력 있는 생각에 사로잡히거나 생각을 멈추고 싶은 마음이 드는 것은 자연스러운 현상입니다. 하지만 이 두 가지 방법 모두 역효과를 초래할 수 있습니다. 한밤중에 문제를 해결하려고 고민하면 오히려 걱정만 커진다는 것을 알아차린 적이 있나요? 아니면 문제를 잊으려 할수록 더 많이 생각하게 되는 경험을 해 본 적이 있나요? 사고억제와 관련된 심리학 연구(Wegner, Schneider, Carter III, & White, 1987)에 따르면, 원치 않는 생각을 없애려고 할수록 그 생각이 더 강하게 떠오른다고 합니다. 만약 당신이 사회불안이 있다면, 이러한 원리를 잘 이해하고 있을 것입니다. 다른 사람과의 어색함을 잊으려 할수록, '나 지금 너무 어색해!'라는 생각이 더욱더 떠오르게 됩니다.

또한 언어를 통해 우리는 자신과 주변 세상에 대해 하루 종일 생각하고 이야기할 수 있습니다. 지금 이 글을 읽고 있는 동안에도, 당신의 마음은 무언가를 이야기하고 있을 것입니다. 그 내용이 지금 읽고 있는 내용과 관련이 없을 수도 있습니다! 마음은 결코 가만히 있지 않으며, 특히 부정적인 것에 집중하는 경향이 있습니다. 릭 핸슨(Rick Hanson)이 우리의 팟캐스트 122회에서 이야기한 것처럼, 인간의 뇌는 긍정적인 경험은 잘 잊어버리고, 부정적인 경험은 잘 기억합니다. 이는 진화론적인 이유와 관련이 있으며, 부정적인 생각은 오래 남고, 긍정적인 생각은 금방 사라지는 경향이 있습니다.

마음의 부정적인 속삭임에 휘말려 싸우거나 그 말을 믿게 되면, ACT에서 말하는 '인지적 융합' 상태에 빠지게 됩니다. 이때 나와 나의 마음이 만들어 내는 생각이 서로 밀착되어 있어서, 그 생각에 얽매이면 나의 경험과 나 자신을 명확하게 바라보는 것이 어려워집니다.

인지적으로 융합되어 있나요? 생각에 얼마나 융합되어 있는지 알아보기 위해 다음 질문에 답해 보세요.

- 집중하는 데 어려움을 겪고 다른 생각에 정신이 산만해지나요?
- 내 생각을 사실이라고 믿으며, 마음의 규칙과 '~해야 한다'는 생각을 따르고 있나요?
- 나와 타인에 대한 마음의 판단을 신뢰하나요?
- 나의 생각이 도움이 되는지 고민하지 않고 생각대로 행동하나요?
- 생각과 나 자신을 분리하는 것이 힘든가요?

위의 질문들에 대부분 '예.'라고 답했다면, 축하합니다! 당신은 정상입니다.

대부분의 사람들이 그렇듯, 당신도 괴로운 생각을 잠재우기 위해 여러 가지 방법을 시도해 보았을 것입니다. 아마 '행복한 생각'을 하거나, 마음을 비우거나, 괴물을 떠올리게 하는 것들을 피하려고 노력했을 수도 있습니다. 하지만 생각을 그냥 따라가다 보면 그 생각에 이끌려 길을 잃을 수 있다는 사실을 알아차렸을 것입니다. 그리고 그 생각에 저항할수록 그 생각은 더 강하게 되살아난다는 사실도 알아차렸을 것입니다. 그렇다면 우리는 어떻게 해야 할까요?

그것은 바로 생각에서 탈융합하는 것입니다! 인지적 탈융합은 생각에 의문을 제기하거나 그 생각을 멈추려는 것이 아니라 다르게 대하는 것입니다. 즉, 생각을 관찰하는 자세를 취하며, '나는 이 생각을 지켜보고 있는 사람이고, 내 생각이 곧 나 자신은 아니다.'라는 점을 알아차리는 것입니다. 생각에 사로잡히는 시간을 줄이면, 당신이 진정으로 중요하게 여기는 것에 더 유연하게 다가갈 수 있습니다. 이번 주차에는 다음의 인지적 탈융합을 연습하게 될 것입니다.

- 끊임없이 속삭이는 마음 알아차리기

- 생각에 갇히지 않고 한 발짝 물러서서 나의 생각 바라보기
- 이상하고 엉뚱한 생각을 통제하려는 시도가 역효과를 낸다는 것 알기
- 판단, '~해야 한다'는 생각, 그리고 규칙에 얽매인 행동에서 빠져나와 나의 가치에 따라 유연하게 행동하기
- 내가 원하는 방식으로 행동하도록 도와주는 생각에 주의를 기울이고 반응하기

머릿속의 괴물로부터 조금 거리를 두고 새로운 시각으로 바라보면 어떨까요? 생각과 거리를 두게 되면, 어떤 생각에 주의를 기울일지 선택할 수 있는 여유가 생길 것입니다.

일자: ___________________

1일차 수다스러운 옆자리 동료

장거리 비행 중 불행히도 가운데 좌석에 앉았다고 가정해 봅시다. 옆에 앉은 사람이 계속해서 이야기하고 있습니다. 앞으로 5시간 동안 그는 쉬지 않고 불평하고, 당신을 비난하며, 항공사를 욕하고, 안 좋은 일들이 일어날 것이라고 말합니다. 처음에는 그를 무시해 보려고 헤드폰을 쓰지만, 그는 여전히 말을 멈추지 않습니다. 결국 짜증이 나서 반박하고, 조용히 해 달라고 요청하지만, 그는 여전히 말을 멈추지 않습니다! 그래서 주의를 돌리기 위해 기내 잡지를 읽거나, 이 상황에서 벗어나기 위해 비싼 칵테일을 주문하지만, 당신이 무엇을 해도 그 사람은 계속 옆에 있습니다.

알고 있나요? 마음은 항상 비행기 옆자리의 수다스러운 동료와 같습니다! 마음은 나의 삶에 대해 이야기하며 거의 멈추지 않고 계속해서 떠듭니다. 때때로 그 수다에는 도움이 되지 않는 생각이 섞여 있지만, 이를 무시하는 것은 정말 어렵습니다.

대신 무엇을 할 수 있을까요? 수다스러운 옆자리 동료의 말에 너무 신경 쓰지 말고 그냥 들어 보세요. 그가 나를 좌지우지하지 않도록 해 보세요. 대신 내가 더 중요하게 생각하는 것에 주의를 돌려 보세요. 옆 사람의 지시가 아닌 자신의 가치에 따라 행동하는 능숙한 관찰자가 되어 보세요. 위에서 언급한 힘든 장거리 비행이 결국 지나가듯, 우리 삶의 모든 순간도 지나갑니다.

오늘의 ACT: 속삭이는 마음

오늘 마음이 무슨 이야기를 하고 있는지 적어 보세요. 나 자신, 나의 미래, 그리고 주변 세상에 대해 마음이 하는 말에는 어떤 것들이 있나요? 그 중에서 도움이 되는 말(듣고 싶은 말)은 어떤 것인가요? 도움이 되지 않는 말(무시하고 싶은 말)은 어떤 것인가요?

____

____

____

____

____

____

____

____

한 발짝 더 나아가기: 양치하기

지금 바로 일어나서 양치해 보세요. 오늘 이미 양치를 했더라도 다시 해 보세요. 치과 의사가 아주 흐뭇해할 것입니다. 양치하는 동안 나의 마음이 양치와는 관련 없는 것들에 대해 어떻게 속삭이는지 알아차려 보세요. 나의 마음이 불평하고, 이야기하고, 계획하는 것을 있는 그대로 지켜보세요. 마치 비행기에서 수다스러운 옆자리 사람처럼 말이죠. 그 속삭이는 마음을 알아차리면서도, 그것에 휘말리지 않을 수 있나요? 또한 거울 속 내 이를 보거나 닦기 어려운 부분에 집중할 수 있나요? 양치하는 동안 의식적으로 집중하고, 수다스러운 옆자리 동료의 소리는 신경 쓰지 말고 그냥 배경 소음으로 두세요.

ACT 점검하기: 오늘의 가치, 목표, 자신을 되돌아보기

오늘의 연습

나의 마음, 즉 수다스러운 옆자리 동료에게 특별히 주의를 기울여 보세요. 오늘 할 일(샤워하기, 옷 입기, 식사하기 등) 중 한 가지를 선택하고, 그 일을 하면서 떠오르는 생각을 알아차리되 그 생각에 휘말리지 않도록 해 보세요. 정말 방해가 되는 생각, 즉 현재 하고 있는 일에서 방해가 되고 멀어지게 하는 생각을 주의 깊게 살펴보세요. 이러한 생각을 알아차리면서도, 동시에 현재 하고 있는 일에서 내가 중요하게 여기는 것에 주의를 기울일 수 있나요?

일자: ___________________

2일차 스릴러 아니면 슬랩스틱?

긴장감 넘치는 영화를 보면서 스트레스 받은 적이 있나요? 하지만 곧 이것이 실제가 아니라는 것을 깨닫게 됩니다. 당신은 거실에 앉아 있고, 무릎 위에는 팝콘이 놓여 있습니다. 영화처럼 마음은 실제가 아닌 것을 믿게 만들 수 있습니다. 하지만 생각을 거리두고 바라보며, 예를 들어 화면의 피가 사실 케첩이라는 것처럼 그것이 무엇인지 알 수 있다면, 마음이 당신을 괴롭힐 확률이 줄어듭니다. 가끔은 마음에서 한 발짝 물러서서 자신의 생각을 '생각'이라고 이름 붙이고, 현재 무슨 일이 일어나고 있는지 알아차리는 것이 도움이 됩니다.

다이애나: 한번은 정말 가기 싫었지만, 마음을 겨우 다잡고 요가 수업에 도착했는데, 요가 패키지를 구매하려는 커플 뒤에서 한참 기다려야 했습니다. 시간이 얼마 남지 않았고 수업은 곧 시작될 예정이었습니다. 그 사이 커플은 휴가 계획과 업무 일정에 대해 이야기를 나누고 있었습니다. 시간이 지날수록 제 마음은 다음과 같은 불평과 판단으로 가득 찼습니다. '여기까지 오는 데 많은 노력을 했는데, 그냥 서 있기만 하네!' 드디어 커플이 결제를 마쳤고 제가 수업에 들어갔을 때, 선생님이 산 자세(그냥 서 있는 자세)를 시연하고 있었습니다!

우리는 생각에 사로잡혀 생각을 있는 그대로 알아차리지 못할 때가 많습니다. 생각이 삶에서 겪는 경험에 얼마나 나쁜 영향을 미칠 수 있는지를 알게 되면 정말 놀랍습니다! 생각을 좀 더 유쾌하게 다룰 수 있다면 어떨까요? 생각에 끌려가기보다, 그냥 '아, 내 마음이 이러한 생각도 하는구나.'

하고 바라봐 주는 건 어떨까요? 오늘은 나의 생각을 알아차리고, 그 생각을 새롭고 유쾌한 방식으로 다루게 될 것입니다.

오늘의 ACT: 영화 같은 머릿속 생각

때로는 생각을 너무 진지하게 받아들이지 않는 것이 도움이 될 수 있습니다. 마치 영화를 보듯 자신의 마음을 관찰한다고 상상해 보세요. 요즘 어떤 생각과 심상이 특히 마음을 사로잡고 있나요? 어떤 걱정, 후회, 비판의 대본에 사로잡혀 있나요?

____

____

____

____

____

____

한 발짝 더 나아가기: 마음 표현하기

이제 마음속 영화의 등장인물들에 대해 생각해 보세요. 마음속 영화에 '후회하는 로저(Roger)'나 '절대 만족하지 못하는 넬리(Nelly)'와 같은 단골 출연진이 있나요? 출연진의 이름을 무엇으로 짓고 싶나요?

____

____

____

____

____

오늘의 주인공은 어떤 이름일까요? 이 주인공은 어떤 옷을 입고 있고, 어떤 대사를 할까요? 예를 들면, 다음과 같습니다.

다이애나의 마음: 지나치게 통제하는 오필리아(Ophelia), 셔츠 단추를 꼭꼭 잠근 채로 '넌 아직 부족해.'라고 잔소리한다.

데비의 마음: 정신없이 바쁜 페넬로페(Penelope), 흐트러진 모습으로 빠르게 말하며 할 일 목록을 계속해서 읊조린다.

나의 마음

ACT 점검하기: 오늘의 가치, 목표, 나를 되돌아보기

오늘의 연습

오늘 하루 동안, 나의 생각에서 한 발짝 물러나 보세요. 도움이 되지 않는 대본이나 익숙한 마음의 캐릭터들을 살펴보세요. 생각에 푹 빠지기보다는, 마음속에서 펼쳐지는 장면을 있는 그대로 알아차려 보세요.

일자: ____________________

3일차 이상하고 엉뚱한 생각들

데비: 몇 년 전, 탄수화물 섭취를 줄이는 걸 잠시 시도했지만 실패했습니다. 어느 날 점심에 구내식당에서 구운 감자를 보고 '탄수화물이니까 저 감자는 먹으면 안 돼.'라고 스스로에게 말했죠. 결과가 어땠는지 아세요? 그날 남은 시간 동안 계속 구운 감자에 집착하게 되었고, 생각하지 말아야겠다고 다짐할수록 오히려 감자에 대한 생각이 끊임없이 떠올랐습니다. 매 순간 그 감자가 제 머릿속에 떠올랐죠. 만약 그냥 그 구운 감자를 자유롭게 생각하도록 내버려두었다면, 그날 제 머릿속에서 그렇게 큰 일이 벌어지지는 않았을 것입니다!

우리의 마음은 가끔 혼란스럽고 쉽게 다루기 어려울 때가 있습니다. 구운 감자에 대해 생각하지 말라고 하면, 어떻게 되었나요? 하루 종일 구운 감자에 대한 생각이 떠올랐습니다. 잠시 동안 그 생각을 억누를 수는 있지만, 결국 그 생각들은 이전보다 더 강하게 다시 돌아옵니다. 우리 모두 "걱정하지 마세요." 또는 "부정적인 생각들을 떨쳐 버리세요."와 같은 좋은 의도의 조언을 들어 본 적이 있습니다. 겉보기에는 이런 조언이 도움이 될 것 같지만, 한 가지 문제가 있습니다. 그런 조언은 효과가 없습니다. 마음은 통제받는 것을 싫어하기 때문입니다.

게다가 마음은 참 별나기도 합니다! 만약 당신의 머리에 확성기를 붙여 모든 생각과 심상을 방송하게 된다면 어떤 감정이 들까요? 창피하고 당황스럽겠죠? 우리도 마찬가지입니다. 이러한 생각을 하는 것이 나만의 문제인지, 아니면 내가 미쳐 가고 있는 건 아닌지 걱정할 때가 있지만, 사실 누구나 때때로 이상하고 엉뚱한 생각을 하곤 합니다. 그리고 생각은 우리가 그것을 믿거나 통제하려고 할 때만 문제가 됩니다.

오늘의 ACT: 마인드 컨트롤

과거에 마음을 다스리거나 긍정적인 생각을 하려고 노력했던 경험에 대해 적어 보세요. 그 노력이 장기적으로 얼마나 효과적이었나요?

지금은 어떤가요? 생각하지 않으려 애쓰는 주제가 있나요? 그 방법은 효과가 있나요?

한 발짝 더 나아가기: 그냥 생각하지 마세요

당신을 위한 도전 과제가 하나 있습니다. 이 글을 읽는 동안 엄지발가락에 대해 생각하지 말아 보세요. 억지로라도 엄지발가락을 느끼지 않도록 해 보세요. 다른 생각은 해도 좋지만, 엄지발가락의 따끔거리는 느낌은 생각하지 않도록 해 보세요. 과연 할 수 있을까요?

이제 잠시 동안 마음을 자유롭게 놓아 보세요. 생각을 통제하려는 노력을 내려놓고, 어떤 일이 일어나는지 알아차려 보세요.

ACT 점검하기: 오늘의 가치, 목표, 나를 되돌아보기

____

____

____

____

____

____

____

____

____

오늘의 연습

오늘은 2가지를 주의 깊게 살펴보세요. 첫째, 머릿속에 불쑥 떠오르는 엉뚱한 생각(확성기를 통해 알리고 싶지 않은 생각)과, 둘째, 마음을 비우거나 생각을 바꿈으로써 생각을 통제하려 했던 순간들입니다. 마음을 통제하려는 시도에 대해 되돌아보는 시간을 가져 보세요.

일자: ___________________

4일차 내면의 판단자

데비: 어느 핼러윈 날, 아이들과 함께 이웃집에 사탕을 받으러 다니면서(trick-or-treating)[1] 이웃과 새콤한 과일 사탕과 땅콩버터 컵 중 어느 것이 더 맛있는지에 대해 논쟁이 벌어졌습니다. (새콤한 과일 사탕이 더 맛있다고? 정말?) 저는 우리 둘 모두가 과일 사탕과 초콜릿 사탕에 대한 취향을 마치 객관적인 사실인 것처럼 이야기하는 것을 알아차렸습니다. "말도 안 돼요! 땅콩버터 컵이 훨씬 더 나아요." 이 의견이 어떻게 사실처럼 표현되는지 보셨나요?

인간의 마음은 빠른 판단을 내리는 데 능숙합니다. 이 능력은 우리가 결정을 내리고 안전하게 지내는 데 도움이 됩니다. 예를 들어, 스시집에서 바퀴벌레를 발견하면 '지저분하다'고 판단하고 다른 식당으로 가는 것이 도움이 될 수 있습니다. 때때로 우리의 판단은 정확합니다.

문제는 판단을 위한 정보가 충분하지 않기 때문에 가끔 우리의 추측이 틀릴 수 있다는 것입니다. 게다가 우리는 종종 판단을 사실로 혼동하기도 합니다. 다음은 몇 가지 예시입니다.

- 정말 착한 아이야.
- 불안은 최악이야.
- 그 사람 차가 내 차보다 더 좋아.

---

1) 역자 주: 핼러윈 풍습으로, 아이들이 집집마다 찾아가 "사탕을 내놓지 않으면 못된 장난을 칠 거야!"라고 외치며 사탕이나 간식을 요구하는 것을 말한다.

이 문장들은 의견을 마치 사실처럼 말하고 있습니다. 무언가를 사실로 이야기하면, 관점과 상황이 우리의 생각에 미치는 영향을 놓치게 됩니다. 예를 들어, '정말 착한 아이'를 어떻게 정의하나요? 불안이 항상 나쁜 것인가요? '더 좋다'는 것은 어떤 의미인가요?

나 자신에 대한 판단(아주 형편없었어)과 타인에 대한 판단(멍청해)은 관점과 누가 그 생각을 하느냐에 따라 달라집니다. 이 경우, 그 누군가는 바로 나입니다! 마음의 판단에 따라 행동하게 되면 더 큰 그림을 보지 못하고 소중한 경험을 놓칠 수 있습니다.

오늘의 ACT: 판단 vs. 관찰

긍정적인 자기판단과 부정적인 자기판단을 적어 보세요. (예: 나는 친절하다, 나는 키가 너무 작다)

이제 자기판단을 관찰에 기반한 언어로 바꿔서 적어 보세요. '가끔은', '내 생각에는/그들의 생각에는'처럼 맥락과 관점을 드러내는 표현이나, 관찰 가능한 사실을 함께 적어 보세요. (예: 가끔은 시간 내서 대화를 한다, 내 키는 160cm이다)

자기판단과 관찰 사이에 어떤 차이가 있나요?

한 발짝 더 나아가기: 판단에서 빠져나오기

또 다른 좋은 방법은 나의 판단을 너무 진지하게 받아들이지 않는 것입니다. 판단을 나를 옭아매는 언어로 인식하고, 그것을 단순한 단어로 보며 거기서 벗어나려고 노력해 보세요. 나를 괴롭히는 자기판단을 적어 보세요. (예: 나는 뚱뚱하다)

이제 그 판단을 여러 가지 방법, 예를 들어 오른손잡이면 왼손으로(왼손잡이면 오른손으로), 거꾸로, 필기체로, 작게, 크게 써 보세요.

판단에 어떤 변화가 있었나요?

ACT 점검하기: 오늘의 가치, 목표, 나를 되돌아보기

오늘의 연습

오늘 나의 판단(좋은 것과 나쁜 것 모두)을 알아차려 보세요. 판단을 알아차리면, 그것을 관찰한 내용으로 표현하거나 단순한 단어로 표현해 보세요. 판단을 적어 보고, 그 판단을 장난스럽게 표현해 보세요. 이렇게 하면 관점이 어떻게 달라지는지 살펴보세요.

일자: ____________________

5일차 규칙과 '옳다'는 생각

다이애나: 일에 있어서, 저는 규칙을 잘 따르는 편입니다. 숙제를 정해진 시간에 하는 아이였고, 친구들과 즐거운 시간을 보내기보다는 연구실에 남아 있던 대학원생이었습니다. 이러한 규칙들은 제 커리어 목표를 달성하는 데 도움이 되었지만, 친구들과 시간을 보내는 것과 같은 다른 중요한 것들을 놓치게 만들기도 했습니다. 지금도 일에 대한 '규칙'에서 완전히 벗어나지 않았지만, 그에 대한 제 반응은 달라졌습니다. 가끔은 제 마음의 '규칙'을 따르기도 하지만, 항상 그런 것은 아닙니다. 어제는 책을 집필하기 위해 일찍 일어났지만, 오늘은 아이들과 함께 팬케이크를 만들기로 했습니다. 이제 저는 제 '규칙'을 인식하고, 유연하게 사용하며, 제가 만들고자 하는 삶에 부합하는 행동을 하고 있습니다.

우리의 마음은 규칙을 따르는 것을 좋아합니다. 규칙은 행동을 구성하고 문제를 해결하는 데 유용할 수 있습니다. 예를 들어, '안전벨트 매기'라는 규칙은 우리를 안전하게 지켜 줍니다. 하지만 마음의 규칙을 고집스럽게 따를 경우, 적응과 가치에 기반한 행동에 방해가 될 수 있습니다. 때로는 삶의 상황에 유연하게 대응하기 위해 규칙을 내려놓아야 할 때도 있습니다.

우리의 마음은 또한 다른 사람들이 우리의 규칙을 따르기를 바라며, 자신의 생각이 옳다는 것에 집착할 수 있습니다. 그럴 때 우리는 정말 중요한 것을 놓치게 됩니다. 상담자로서, 자신의 생각이 옳다고 굳게 믿는 배우자 때문에 결혼생활이 무너지는 모습을 여러 번 보았습니다. 당신이 옳다는 생각을 고수하고 싶지만 다른 사람들이 동의하지 않을 때는 어떻게 될까요? 또는 내가 옳다는 생각 때문에 계속해서 세상에 대해 불만을 느끼거나 소중한 사람들에게 실망하게 된다면 어떻게 될까요?

오늘의 ACT: 나의 규칙

우리는 마음이 만든 규칙과 옳다고 믿는 것을 알아차리지 못할 수 있습니다. 설사 그것들이 우리를 제한하더라도 말입니다. 예를 들어, 여기 몇 가지 규칙이 있습니다: 친구에게 '안 된다.'라고 거절하면 친구의 기분이 상할 것이다, 가공식품은 건강에 좋지 않으니까 아이들에게 먹일 수 없다.

나의 규칙을 몇 가지 적어 보세요.

___

___

___

나의 마음이 '내가 옳다'고 말하지만 모두가 동의하지 않는 것은 무엇인가요? 규칙을 따르거나 내가 옳다고 생각하는 것 때문에 내가 받는 제약에는 어떤 것이 있나요?

___

___

___

한 발짝 더 나아가기: 의식하지 못하는 규칙

평소에는 의식하지 못했던 규칙들을 알아차려 보세요. 몇 가지나 있을까요? 같은 색 양말을 신고 있나요? 커피를 꼭 다른 컵이 아닌 머그잔에만 마시나요? 외출 시 신발을 신나요? 바닥에 앉지 않고 의자에 앉나요?

___

이제 이 규칙들 중에서 어떤 것이 덜 도움이 되거나 더 도움이 되는지 생각해 보세요. 유연성을 키우기 위해 이러한 규칙 중 일부를 어기는 실험을 해 본다면 어떨까요?

ACT 점검하기: 오늘의 가치, 목표, 나를 되돌아보기

오늘의 연습

오늘, 내가 덜 얽매이고 싶은 규칙 하나를 선택해 보세요. 그 규칙을 깨기로 결심해 보세요. 마음에 반항했을 때 어떤 일이 일어나는지 확인해 보세요!

일자: ____________________

6일차 비교 그리고 '~해야 한다'는 생각

인간의 마음이 가진 놀라운 점 중 하나는 추상적으로 생각할 수 있는 능력입니다. 우리는 새로운 아이디어를 구상하고, 존재하지 않는 것을 만들어 낼 수 있습니다. 또한 타인과 비교하며 어떤 점이 달라졌으면 좋겠는지에 대해 생각할 수 있습니다.

데비: 거실에는 오래된 소파가 있습니다. 소파는 약간 처지고, 아이들이 색칠한 흔적이 남아 있습니다. 그래서 부끄럽고, 홈 인테리어에 소질 있는 친구 집을 방문할 때마다 비교하게 됩니다(이제는 더 멋진 가구를 가져야 하는데!). 하지만 이렇게만 생각하면 다른 중요한 정보(안전하고 편안한 집이 있다는 것이 얼마나 행운인지)를 놓치게 됩니다. 또 물건을 재사용하는 것이 환경에 좋다고 생각해서 기분이 좋기도 합니다. 제 소파는 꽤 편안하고, 아이들이 음료수를 쏟아도 걱정할 필요가 없습니다. 비교에 사로잡히면, 제가 가진 것들을 놓치게 됩니다.

타인과 나를 비교하는 것의 부정적인 점은 우리가 높은 기준을 세우고, 해야 할 것(또는 하지 말아야 할 것)에 대한 여러 가지 당위적인 생각을 하게 된다는 것입니다. 이로 인해 우리는 결코 이룰 수 없는 이상적인 세상을 상상하게 됩니다. 도움이 되지 않는 당위적인 생각의 예시는 다음과 같습니다.

- 내 배우자는 내가 바닥 청소한 것을 고마워해야 해.
- 이메일을 받은 당일에 반드시 답장을 해야 해.

- 집이 완벽하게 깨끗하지 않으면, 사람들을 초대할 수 없어.
- 친구들이 내 생일을 항상 기억하고 전화해 줘야 해.

오늘의 ACT: '~해야 한다'는 생각 알아차리기

나를 제한할 수 있는 '~해야 한다'는 생각을 몇 가지 적어 보세요. (예: 나는 ~해야 한다, 나는 ~하면 안 된다, 그들은 ~해야 한다, 그들은 ~하면 안 된다)

이러한 '~해야 한다'는 생각이 내가 중요하게 생각하는 일을 하는 데 어떻게 방해가 되고 있나요? 만약 내가 이 생각을 따르지 않는다면, 내 삶은 어떻게 달라질 수 있을까요? 이러한 기준을 조금 느슨하게 하고 스스로에게 좀 더 융통성을 허용한다면 어떤 변화가 일어날까요?

ACT 점검하기: 오늘의 가치, 목표, 나를 되돌아보기

오늘의 연습

오늘은 '~해야 한다'는 생각과 비교가 어떻게 나타나는지 특히 주의 깊게 살펴보세요. 이전과는 다른 방식으로 대응하려고 노력해 보세요. 타인과 비교하는 상황이 발생하면, 그 사람과 비교하지 말고, 내가 가진 것에 집중하고 감사해 보세요! 오늘 '~해야 한다'는 생각에 의문을 제기해 보세요. 그 생각을 따르지 않고 대신 하고 싶었던 일을 하는 실험을 시도해 보세요.

일자: ____________________

7일차 씨앗에 물 주기

다이애나: 틱낫한 스님과의 명상 수련회에서 저는 '씨앗에 물 주기' 마음수련에 대해 배웠습니다. 간단히 말해, 우리의 생각은 마음의 정원에 있는 씨앗과 같습니다. 어떤 씨앗은 언젠가 수확할 수 있는 식물로 자라지만, 어떤 씨앗은 정원을 뒤덮을 수 있는 잡초로 자라기도 합니다. 어떤 씨앗에 물을 줄지는 우리의 관심과 행동에 달려 있습니다. 현대의 신경과학은 이러한 선조들의 가르침을 뒷받침합니다. 도움이 되지 않는 생각에서 빠져나와 가치에 따라 행동할 때, 우리의 신경 연결과 행동이 변화하게 됩니다(Hanson, 2020a). 우리는 행동을 통해 우리가 성장하고 싶은 모습으로 키울 수 있습니다.

가끔 우리는 행동하고 싶지만, 마음속에서 '넌 부족해서 그걸 할 수 없어.'라는 끔찍한 충고를 듣곤 합니다. '그냥 나중에 하면 되지, 굳이 귀찮게 왜 해?'라고 의심하거나 미루면서 시간을 보내기도 합니다. 이러한 '충고'는 우리를 보호하려는 의도로, 마음은 신체적 또는 사회적으로 위험할 수 있는 일로부터 우리를 보호하기 위해 판단하고 비판합니다. 하지만 도움이 되지 않는 생각이 우리가 중요하게 여기는 일을 방해할 때, 우리의 마음은 지나치게 극단적으로 흐를 수 있습니다. 타라 모어(Tara Mohr, 2014)가 자신의 저서 『꿈을 크게 가져라(Playing Big)』에서 고통을 피하려는 내면의 비판자의 목소리에 귀 기울이면 숨고, 목소리를 내지 않게 되며, 진정한 소명을 외면하게 된다고 설명합니다.

도움이 되지 않는 마음의 충고에 주의를 기울이는 대신, 가장 중요하다고 생각하는 것을 향해 '무섭고 겁나지만 용기를 내어 시도'하도록 격려하는 씨앗을 마음속에 심을 수 있습니다.

오늘의 ACT: 마음에 물 주기

마음에 물 주기가 용기를 내어 무언가를 시도하는 데 어떻게 도움이 되는지 알아봅시다. 하고 싶지만 용기를 내기 어려운 일 한 가지를 적어 보세요. (예: 블로그 시작하기, 운동 시작하기, 새로운 업무 맡기)

앞의 영역에서 '큰 꿈을 꾸는 것'과 관련해 내 마음이 건네는 도움이 되지 않는 조언에는 어떤 것이 있나요? 그중 어떤 생각을 그냥 놔두고 싶나요?

내가 관심을 가지고 물을 주며 키우고 싶은 도움이 되는 생각은 무엇인가요?

내가 할 수 없다고 생각했거나 하고 싶지 않았던 일을 한 경험을 떠올려 보세요. 이 경험을 통해 내 삶의 정원을 가꾸는 주체가 누구라고 생각하게 되었나요?

ACT 점검하기: 오늘의 가치, 목표, 나를 되돌아보기

오늘의 연습

오늘은 내면의 정원을 가꿔 보세요. 어떤 씨앗에 물을 주고 있는지 알아차려 보세요. 도움이 되지 않는 생각이 떠오르면 그냥 흘려보내고, 잡초처럼 두세요. 그리고 나의 가치와 일치하는 생각을 알아차리고, 그 생각에 관심을 기울이며 행동으로 물을 주세요.

한 주를 되돌아보기

이번 주차에는 나의 생각을 새로운 방식으로 바라보는 연습을 해 봤습니다. 우리의 내면에는 끊임없이 속삭이는 존재가 있다는 것을 배우고, 생각을 그렇게 진지하게 받아들일 필요가 없다는 것을 알게 되었습니다. 또한 생각에서 한 발짝 물러나 가장 유용한 생각에 물을 주는 방법도 배웠습니다. 어떤 교훈을 기억하고 싶나요?『매일 ACT하기』작업을 계속하다 보면, 나의 마음은 많은 이야기를 할 것입니다. 도움이 되지 않는 이야기에 휘둘릴 때는 언제든지 생각에서 탈융합할 수 있다는 것을 잊지 마세요!

4주차

수용: 용기 있게, 기꺼이, 열린 마음으로

다이애나: 제 남편은 페인트가 벗겨진 2001년식 스바루(Subaru)[1] 자동차를 가지고 있습니다. 저는 그 차를 정말 싫어합니다. 집에 주차할 때마다 그 차를 보면서 속으로 '윽, 또 그 차야.'라고 생각합니다. 그 차를 떠올리는 것만으로도 짜증이 나네요. 한편, 제 남편은 그 고물차로 시내를 행복하게 운전하며, 엔진 후드의 벗겨진 페인트에도 신경 쓰지 않습니다. 남편 역시 그 차를 좋아하지는 않지만, 이러한 감정을 받아들이려 노력하며 자신이 더 중요하게 여기는 다른 일들, 예를 들어 학생들을 가르치는 데 집중합니다. 저처럼 상황이 달라지기를 바라는 데 에너지를 쏟을수록 괴로움은 오히려 더 커지기만 합니다.

내면의 경험에 저항하고 거부하는 것은 많은 심리적 괴로움을 유발합니다. ACT가 **수용**전념치료라고 불리는 이유가 있습니다. 수용은 심리적 건강의 핵심 과정이기 때문입니다(Forsyth & Ritzert, 2018).

내면의 경험과의 투쟁을 멈추면, 우리는 가치에 따른 선택을 할 수 있는 자유를 얻게 됩니다. 이는 마치 자신과의 줄다리기에서 줄을 놓아 버림으로써 자신에게 중요한 일에 손을 사용할 수 있게 되는 것과 같습니다. 심리적 수용은 삶이 제공하는 것을 '좋아하거나' '받아들여야' 한다는 것을 의

1) 역자 주: 일본의 대표적인 자동차 브랜드이다.

미하지 않습니다. 수용은 순간순간의 경험에 대해 수용적이고, 유연하며, 비판단적인 태도로 열려 있는 것을 의미합니다(Hayes, Strosahl, & Wilson, 2012).

수용은 우리가 좋아하는 감정(예: 기쁨, 만족, 즐거움)을 경험할 때는 좋은 것처럼 들리지만, 고통스러운 감정(예: 슬픔, 두려움, 분노)이 들 때는 그 감정들을 수용하는 대신 거부하거나 회피하거나 억누르고 싶어 합니다. 힘든 내면의 경험을 없애려는 시도가 당신을 중요한 것에서 멀어지게 한다면, 이는 **수용의 반대인** '경험회피'라고 부르는 상태에 빠지게 되는 것입니다.

우리는 모두 싫어하는 것에서 벗어나기 위해 행동하지만, 그것이 나쁘거나 좋다고 할 수는 없습니다. 그러나 회피의 악순환에 갇혔을 때, 이를 알아차리는 것은 도움이 될 수 있습니다.

경험회피의 굴레

불편함을 피하려는 것은 자연스러운 현상입니다. 인간의 뇌는 고통에서 벗어나고 회피하기 위한 문제해결 방식을 발전시켜 왔습니다. 예를 들어, 밖이 춥다면 피할 곳을 찾고, 차가 돌진해 오면 피하려고 할 것입니다. 고통을 피하고 통제하려는 시도는 **물리적 위험**으로부터 보호해 주지만, 이 전략을 **심리적 고통** 해결에 활용하면 역효과를 불러올 수 있습니다. 왜 그럴까요? 심리적 고통을 피하려고 하면, 다음과 같은 결과를 가져올 수 있습니다.

- 단기적인 해결만 가능할 뿐, 회피한 문제는 다시 나타날 수 있습니다.
- 억누르고자 하는 경험을 오히려 강화할 수 있습니다.

- 중요한 일에 쓸 수 있는 자원이 소모됩니다.
- 긍정적인 감정조차 느끼기 어려워질 수 있습니다.
- 새로운 문제들을 불러올 수 있습니다.
- 심리적 고통의 악순환에 갇힐 수 있습니다.

경험회피는 우리를 고통의 굴레에 가두어 놓습니다. 불편함을 계속 외면하면, 케빈 포크(Kevin Polk)와 동료들이 제시한 '갇힌 루프'에 빠질 수 있습니다. 이러한 경험회피 루프는 많은 정신건강 문제의 발달과 유지에 기여합니다(Chawla & Ostafin, 2007). 다음 예시에서 수용하지 않는 것이 어떻게 사람을 가두고 성장의 기회를 차단하는지 살펴보세요.

- 업무에 대한 불안감 때문에 일을 미루지만, 그러다 보니 오히려 더 불안해지기만 합니다.
- 자신의 몸을 비판적으로 바라보다 보니 새 옷을 사지 않고, 그러다 보니 오히려 외모에 대한 불만만 더 커집니다.
- 당황스러움 때문에 사회적 상황에서 입을 닫게 되지만, 그러다 보니 오히려 자신감만 더욱 떨어집니다.
- 음주에 대한 죄책감 때문에 그 기분을 잊으려 술을 마시지만, 다음날 아침에는 오히려 더 큰 죄책감을 느끼게 됩니다.

수용으로 나아가는 길

감정과 행동의 굴레에 갇혀 있나요? 이 악순환에서 벗어나고 싶은가요? 불편한 상황이 생기더라도 자신의 가치에 맞춰 삶을 변화시키고 싶은가요? 수용이 바로 그 길입니다.

고통스러운 내면의 경험을 밀어내기보다는 기꺼이 그 경험에 다가가야 합니다. 우리 삶의 모든 경험을 수용하는 것이 자유로 이어질 수 있다는 가능성에 마음을 열어 보세요. 내면에서 일어나는 경험의 좋거나 나쁜 측면들을 점점 더 편안하게 받아들이게 되면, 수용이 가져다주는 평화, 이해, 그리고 더 깊은 의미와 같은 선물을 발견하게 될 것입니다.

수용은 또한 나의 주변 사람들에게도 긍정적인 영향을 미칩니다. 내면의 경험을 보다 온전히 수용한다면, 친구, 가족 또는 나의 행동과 태도가 어떻게 달라질 수 있을지 상상해 보세요.

이번 주차에는 수용하지 않을 때 겪게 되는 어려움을 살펴보고, 용기와 기꺼이 경험하려는 마음을 바탕으로 한 걸음 나아가는 연습을 해 보겠습니다. 이를 통해 삶의 모든 경험을 받아들일 때 우리에게 주어지는 소중한 선물들을 발견하게 되기를 바랍니다.

일자: ____________________

1일차 "그냥 좋게 좋게 생각해"

누군가 "어떻게 지내?"라고 물을 때, 사실 그렇지 않더라도 "잘 지내."라고 대답할 때가 있나요? "원하는 게 뭐야?"라는 질문에 실제로는 정말 원하는 것이 있음에도 불구하고 "아무거나 상관없어."라고 말할 때가 있나요? 우리는 모두 강렬한 감정과 욕구를 가지고 태어나며, 아기일 때는 그것들을 자유롭게 표현합니다. 그러나 시간이 지남에 따라 대부분의 사람들은 어떤 내면의 경험은 통제되어야 하고, 공개적으로 드러나서는 안 되며, 타인의 기대에 부응하기 위해 조정해야 한다고 배웁니다. 특정 생각과 감정은 바람직하지 않거나 약함의 징후로 간주되며, 혼자 감당해야 할 것으로 여깁니다. '그냥 좋게 좋게 생각해.' '남자는 울면 안 돼.' '감정 드러내지 마.'와 같은 말을 듣고 자라다 보면, 시간이 지나면서 사회적으로 받아들여지지 않는 모습을 숨기거나 억누르는 법을 배우게 됩니다. 안타깝게도, 감정을 숨기거나 억누르는 것은 우리가 중요하게 여기는 것들, 심지어 우리 자신까지도 가려 버릴 수 있음을 의미합니다.

데비: 많은 여자아이들처럼 저도 분노를 표현하는 것이 옳지 않다고 배웠습니다. 감정이 격해질 때면 두렵고 어떻게 반응해야 할지 몰랐습니다. 심리학자가 되기 위해 훈련을 받는 동안에도, 내담자가 상담실에서 분노를 표출할 때마다 불편함을 느꼈습니다. 저는 분노라는 감정과 단절되어 있었고, 건강한 방식으로 분노를 표현하는 데 어려움을 겪었습니다. 여전히 노력하고 있지만, 이제는 분노에 대한 이러한 믿음이 우리 모두가 가지고 있는 감정을 솔직하게 느끼지 못하게 막아 왔다는 것을 깨닫게 되었습니다. 지금의 저는 분노의 순간을 있는 그대로 바라보고, 필요할 때 분노를 표현하는 법을 배우고 있습니다.

우리의 '내면'에는 다양한 감정과 감각이 존재합니다. 그중에는 좋아하고 계속 간직하고 싶은 것도 있고, 그렇지 않은 것도 있습니다. 하지만 사회가 전달하는 메시지와는 달리, 우리는 이러한 사적인 내면의 경험을 통제할 수 있는 능력이 생각보다 훨씬 적습니다.

TEAMS라는 약어(Robinson, Gould, & Strosahl, 2011)는 우리 내면의 경험을 살펴보는 유용한 방법입니다.

- T: 판단, 규칙, 계획, 걱정과 같은 **생각**(Thoughts)
- E: 두려움, 흥분, 사랑, 당황과 같은 **감정**(Emotions)
- A: 충동, 갈망, 욕구와 같은 **행동 경향성**(Action tendencies)
- M: 과거의 사건이나 상호작용과 같은 **기억**(Memories)
- S: 신체적 통증, 편안함, 쾌감과 같은 **감각**(Sensations)

나의 TEAMS에 대해 살펴봅시다.

오늘의 ACT: TEAMS

성장하는 과정에서 생각과 감정을 표현하는 것에 대해 어떻게 배웠나요? 어떤 TEAMS를 표현해도 괜찮다고 배웠나요? 어떤 TEAMS를 표현하지 말아야 한다고 배웠나요? 내가 속한 문화적 배경이나 다른 정체성(예: 성별, 나이, 인종, 신체적 능력, 성적 지향)이 이러한 메시지들에 어떤 영향을 주었나요?

이 메시지가 지금의 나에게도 영향을 미치고 있나요? 힘든 TEAMS에 대해서는 어떻게 다루고 싶은가요?

ACT 점검하기: 오늘의 가치, 목표, 나를 되돌아보기

오늘의 연습

'내면'에서 일어나고 있는 일에 더 많은 주의를 기울여 보세요. 자주 나의 상태를 점검하고 어떤 TEAMS를 경험하고 있는지 알아차려 보세요. 원하지 않는 내면의 상태를 경험하는 순간과 내가 그것을 없애려고 사용하는 방법을 알아차려 보세요. 만약 없애 버리는 대신 다른 방식으로 행동한다면 어떤 일이 일어날까요?

일자: ____________________

2일차 경험회피의 굴레

다이애나: 사람들은 실제로 서로 다른 점보다는 비슷한 점이 많습니다. 폭식을 하는 10대든, 폭음을 하는 아버지든, 그 저변에는 삶의 불안감을 회피하고자 하는 욕구가 있습니다. 이해할 만한 부분입니다. 저도 저만의 회피 전략이 있습니다. ACT는 우리가 회피하려는 경향을 알아차릴 수 있도록 도와주고, 더 나은 삶을 살고자 하는 우리 모두의 공통된 바람을 향해 부드럽게 이끌어 줍니다.

우리 모두는 감정이 무뎌지거나, 주의를 분산시키거나, 삶에서 벗어나고 싶을 때가 있습니다. 지루할 때 스마트폰으로 손이 가나요? 스트레스 받을 때 간식을 먹나요? 기분이 안 좋을 때 온라인 쇼핑을 하나요? 니르 에얄(Nir Eyal, 2019)은 최신 기술이 우리에게 이렇게 매력적으로 다가오는 이유 중 하나가 바로 우리를 삶의 불편함으로부터 피하게 해 주기 때문이라고 말합니다.

경험회피 전략이 언제나 해로운 것은 아닙니다. 그러나 이로 인해 나의 가치에 따른 삶에서 멀어질 때 문제가 발생합니다. 줄을 기다리는 동안 스마트폰을 꺼내는 것은 괜찮지만, 매일 몇 시간씩 스마트폰을 사용하거나 친한 친구와의 진솔한 대화를 나누는 중에도 이메일을 확인하는 것은 분명 문제가 될 수 있습니다.

내가 주로 사용하는 회피 전략을 알고 있다면, 그 전략이 언제 파괴적이고 자신을 고착된 루프에 빠뜨리는지 알 수 있습니다. 자주 사용하는 경험회피 전략에 동그라미 표시해 보세요(Harris, 2019에서 수정 및 확장).

- **불쾌한 경험에 무뎌지기**: 과식하거나 절식하거나, 음주를 하거나, 약물을 사용하거나, 과도한 운동을 하거나, 자해를 하나요?
- **몸을 긴장시키기**: 긴장하거나, 이를 꽉 물거나, 복부에 힘을 주거나, 숨을 참나요?
- **주의 분산시키기**: 공상을 하거나, 다른 생각을 하거나, 농담하거나, 스릴 있는 활동을 추구하거나, 멀티태스킹을 하거나, 최신 기술(예: 스마트폰, SNS 등)을 과도하게 사용하나요?
- **포기하기**: 시작하기를 피하거나, 자신을 고립시키거나, 지나치게 많이 자거나, 거절하거나, 취소하거나, 숨어 버리나요?
- **서두르기**: 지나치게 많이 일하거나, 바쁜 상태를 유지하거나, 더 많은 것을 얻기 위해 노력하거나, 말을 빨리 하거나, 삶을 허겁지겁 지나치고 있지는 않나요?
- **과도하게 생각하기**: 지나치게 이성적으로 받아들이거나, 반추하거나, 걱정하거나, 머릿속으로만 문제를 해결하려고 하거나, 과도하게 분석하나요?
- **비난하기**: 손가락질하거나, 판단하거나, 스스로 또는 다른 사람을 비판하나요?

오늘의 ACT: 경험회피 패턴

앞에서 동그라미 표시한 회피 전략을 살펴보세요. 그 전략이 도움이 되나요? 혹시 그 전략 때문에 중요한 일을 놓친 적이 있나요? 이러한 회피 전략을 사용함으로써 단기적인 이익이 있었나요? 장기적으로 발생하는 대가는 무엇인가요?

한 발짝 더 나아가기: 경험회피의 굴레에 이름 붙이기

갇힌 굴레에서 벗어나려면 다음의 전략(Polk et al., 2016)을 시도해 보세요. 먼저, 앞의 목록에서 가장 큰 문제가 되는 회피 전략 하나를 선택해 보세요. 어떤 이름을 붙일 수 있을까요? 이제 큰 소리로 말해 보세요.

[내 이름]은(는), ________________________(하)며 회피의 굴레에서 벗어나지 못하고 있습니다.

다음은 몇 가지 예시입니다.

- 다이애나는 과도한 일정을 잡으며 회피의 굴레에서 벗어나지 못하고 있습니다.
- 데비는 스마트폰에 몰두하며 회피의 굴레에서 벗어나지 못하고 있습니다.

내가 작성한 것을 소리 내어 여러 번 말해 보세요. 어떤 일이 일어나나요?

ACT 점검하기: 오늘의 가치, 목표, 나를 되돌아보기

오늘의 연습

힘든 생각과 감정을 회피하는 방법을 주의 깊게 살펴보세요. 경험회피의 굴레를 발견하면, 그에 따른 장/단기적인 결과에 대해 생각해 보세요. 경험회피의 굴레에 이름을 붙여 소리 내어 말해 보세요. 그리고 그 대신 내가 나아가고 싶은 방향을 스스로에게 물어보세요.

일자: ____________________

3일차 '반드시 해결해야 한다'는 함정

다이애나: 스트레스를 받을 때면, 모든 일이 잘못된 것처럼 느껴집니다. 밀린 서류, 유행 지난 옷, 그리고 사람들에게 달려든 반려견까지 모든 것이 버겁게 다가옵니다. 문제에 더 집중할수록, 더 많은 문제들 특히 제 자신에 대한 문제들을 발견하게 됩니다. 그래서 저는 이러한 초조함을 '해결하려' 서두르거나 가족, 제 자신, 심지어 반려견에게도 잔소리를 하게 됩니다. 이런 '해결'에는 대가가 따릅니다. 저는 어수선한 삶 속에 존재하는 좋은 것들도 함께 놓쳐 버렸습니다.

종종 우리가 원하는 대로 일이 진행되지 않을 때, 우리는 즉시 그것을 해결하려 합니다. 우리는 '교정반사', 즉 '일을 바로잡으려는 내재된 욕구'(Miller & Rollnick, 2012)에 의지하여 무언가 잘못되었다는 불편한 감정을 해결하려 합니다.

불편한 상황에 직면했을 때, 이에 대한 해결책으로 문제해결이나 자기계발에 의지하나요? 몸매를 가꾸거나, 벽에 페인트를 칠하거나, 더 열심히 일하거나, 새로운 물건을 구입하면 결국 기분이 나아질 것이라고 스스로에게 말하나요? 최신 자조 프로그램을 시도하거나, 영적 깨달음을 얻기 위해 노력하거나, 심리상담을 받거나, 새로운 식단이나 운동 프로그램을 시도하는 것은 좋고 건강한 방법처럼 들립니다. 페마 초드론(Pema Chödrön, 2001)은 『피할 수 없는 삶의 지혜 그리고 자애의 길(The Wisdom of No Escape and the Path of Loving-Kindness)』에서 자신을 변화시키려는 노력이 때로는 자신을 향한 공격의 한 형태일 수 있다고 언급합니다. 자기계발이 마치 내가 근본적인 문제를 가진 사람이라서 고쳐야만 하는 것처럼 변질될 때, 그것은 어둡고 부정적인 모습을 띠게 됩니다. 이러한 믿음을 갖게 되면, 변화의 동기가 되었던 의심과 불안이 더욱 커지고, 자신에 대한 불만족감도 증폭됩니다.

오늘의 ACT: '반드시 해결해야 한다'는 함정

나 자신에 대해 '바로잡으려고' 노력하는 특성에는 어떤 것이 있나요? 스스로를 개선하기 위해 어떤 노력을 하나요? 스스로를 바로잡으려는 시도가 도움이 되지 않는 경우가 있나요?

있는 그대로의 나를 '부족하다'고 느끼며 거부하는 대신, 무엇을 할 수 있을까요?

한 발짝 더 나아가기: 노을 관찰하기

삶에서 바로잡거나 해결하려고 했던 어떤 것(예: 몸, 불안, 부정적인 생각)에 대해 생각해 보세요. 이것이 해결해야 할 문제가 아니라면 어떻게 접근할 수 있을까요? 이 내면의 경험을 해결해야 할 수학 문제가 아니라 노을처럼 관찰하고 즐길 수 있는 것으로 바라보는 것은 어떨까요(Wilson & DuFrene, 2009)? 나의 경험에서 어떤 측면을 즐길 수 있나요? 그 경험이 그 자체로 얼마나 멋진지 생각해 보세요.

ACT 점검하기: 오늘의 가치, 목표, 나를 되돌아보기

오늘의 연습

나 자신과 주변 환경에 대한 내면의 감정을 바로잡으려는 충동, 즉 '반드시 해결해야 한다.'라는 함정에 빠지는 경향성을 알아차려 보세요. 바로잡으려는 과정에서 어떤 감정을 느끼나요? 바로잡겠다는 생각을 버리면 어떤 일이 일어날까요?

일자: ____________________

4일차 기꺼이 경험하기

경험을 통제하거나 회피하거나 바로잡으려는 시도를 멈추고 싶다면, 대신 무엇을 할 수 있을까요? 바로 기꺼이 경험하려는 태도를 키우는 것입니다! ACT에서 **기꺼이 경험하기**란, 우리에게 중요한 일을 하기 위해 불쾌한 TEAMS(생각, 감정, 행동 경향성, 기억, 감각)를 경험하고자 하는 용기를 의미합니다(Hayes et al., 2012). 자기만의 안전한 울타리에서 벗어날 때마다 당신은 기꺼이 경험하기를 실천하고 있는 것입니다.

> 데비: 저는 수영을 즐기지만, 수영장에 들어갈 때의 느낌은 싫어합니다. 물이 차갑고, 처음 1분은 충격적으로 느껴지거든요. 저는 그 1분을 걱정하며 몇 시간 동안 고민하고, 과연 물에 들어갈 가치가 있는지 마음속으로 따져 보곤 합니다. 가끔은 그런 느낌을 피하고 싶어서 수영 대신 산책을 하거나, 아예 운동을 건너뛰기도 합니다. 수영을 즐기고 싶다면 차가운 물의 충격을 기꺼이 감수해야 합니다. 그렇게 하면 그 불편한 느낌은 1분밖에 가지 않고, 그 이후에는 수영을 함으로써 얻는 혜택을 하루 종일 누릴 수 있습니다.

ACT 치료자로서 우리는 종종 '기꺼이 경험하기 개인 트레이너' 같은 역할을 하게 됩니다. 내담자가 낮은 강도부터 시작할 수 있도록 돕습니다. "지금 불안을 기꺼이 느낄 준비가 되었나요?" 그런 다음, 더 높은 강도의 활동으로 나아가도록 안내합니다. "상사에게 휴가를 요청할 때 생길 수 있는 불안을 기꺼이 느낄 준비가 되었나요?" 기꺼이 경험하기가 실제 행동으로 나타나는 모습을 보는 것은 고무적인 일입니다. 고통스러운 것을 마주하고 불확실성이나 불편함 속으로 들어가기 위해서는 많은 용기가 필요합니다.

당신은 아마도 기꺼이 경험하는 것이 어떤 느낌인지 이미 알고 있을 것입니다.

- 아는 사람이 전혀 없는 행사에 참석해 본 적이 있나요?
- 인간관계에서 필요한 것에 대해 요청해 본 적이 있나요?
- 기분이 내키지 않을 때에도 침대 밖으로 나온 적이 있나요?
- 유혹이나 충동에 저항한 경험이 있나요?

이러한 불편한 활동은 TEAMS(생각, 감정, 행동 경향성, 기억, 감각)를 경험하면서도 여전히 행동을 취할 수 있다는 것을 보여 줍니다. 오늘은 의식적으로 자기만의 울타리에서 한 발짝 벗어나 기꺼이 경험하기 근육을 강화해 봅시다.

오늘의 ACT: 당신의 울타리

자기만의 울타리에서 벗어나기 위해서는 용기, 기꺼이 경험하려는 태도, 수용, 자기자비가 필요합니다. 내가 나만의 울타리를 벗어난 적은 언제였고, 그 결과는 어땠나요?

다음 원 안에 현재 나의 울타리 안과 밖에 있는 행동을 적어 보세요.

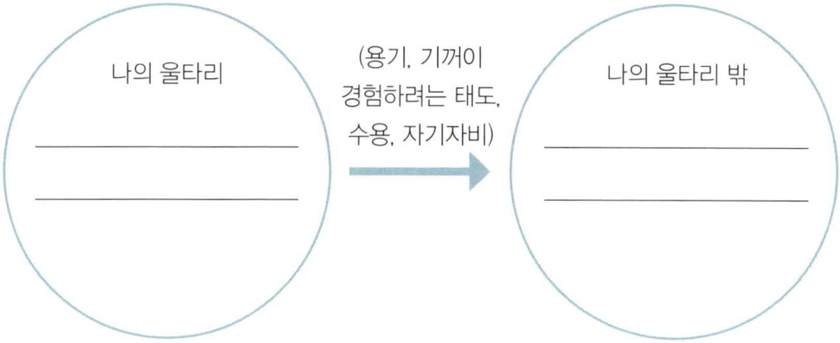

나만의 울타리에 머무르면서 놓치게 되는 것은 무엇인가요? 그 울타리 밖으로 나온다면 얻을 수 있는 것은 무엇인가요?

한 발짝 더 나아가기: 용기를 위한 공간 마련하기

해 보고 싶지만 망설여지는, 그래서 용기가 필요한 행동에 대해 생각해 보세요. 그 생각만으로도 불편해지나요? 몸 안에서 일어나는 불편함을 알아차려 보세요. 내가 이러한 느낌을 담아낼 수 있는 부드럽고 유연한 그릇이라고 상상해 보세요. 이 느낌을 억누르거나 몰아내려 하지 말고, 그 안에 여유 공간을 만들어 보세요. 불편함이 클수록 그만큼 더 넓은 공간이 필요합니다. 용기와 자기자비를 가지고 불편한 느낌을 받아들인다고 상상해 보세요.

ACT 점검하기: 오늘의 가치, 목표, 나를 되돌아보기

오늘의 연습

그동안 회피해 온 불편한 일을 선택하고, 이를 기꺼이 경험하려는 의지를 발휘해 그 일에 한 발짝 다가가 보세요. 용기가 필요한 중요한 일을 선택해 보세요. 마음속에 떠오르는 느낌을 위한 공간을 확보하고, 기꺼이 경험하기 강화 훈련을 하고 있다는 사실을 떠올려 보세요!

일자: ____________________

5일차 닫힌 마음에서 열린 마음으로

데비: 하루는 주차장에서 차 문을 열다가 옆 차에 살짝 부딪혔습니다. 차에는 문제 없었지만, 제 실수를 본 그 차 주인이 무례하게 말했습니다. 저는 바로 화가 났고, 몇 시간 후에도 그 일을 생각하며 여전히 끓어오르는 감정을 느꼈습니다. 정말 바보 같았어요! 그 경험을 잊으려고 애썼지만, 계속해서 그 생각이 나더군요. 어느 순간, 제가 느끼고 있는 진짜 감정은 창피함이라는 것을 깨달았습니다. 저는 부주의한 실수를 저질렀고, 그가 저를 보았던 것이지요. 창피함이라는 더 취약한 감정을 직시하게 되었을 때, 마침내 그 경험에서 벗어날 수 있었습니다.

우리는 느끼지 말아야 한다고 배운 감정에 마음을 열 때 취약함을 느낄 수 있습니다. 특정 감정이 두려움이나 약함의 표시라고 믿어 왔다면, 그 감정에서 도망치는 방법을 배웠을 수 있습니다. 또는 데비가 주차장에서 만난 차 주인에게 보였던 것처럼, 자신의 감정을 외부로 표출하면서 창피함을 분노로 착각할 수도 있습니다. 이것 역시 느끼지 말아야 한다고 생각하는 감정을 회피하는 하나의 방법입니다.

사회에서 배운 것과는 달리, 우리의 감정과 감각에 귀를 기울이면 많은 것을 얻을 수 있습니다. 감정은 우리의 필요에 대한 정보를 제공하고, 변화를 위한 동기를 부여하는 중요한 역할을 합니다. 분노, 슬픔, 죄책감과 같은 감정은 우리의 사회적 구조와 관계를 유지하는 데 도움을 줍니다. 감정이 없는 사람과 관계를 맺는 것이 얼마나 어려울지 상상해 보세요.

감정을 받아들이지 않으면 그 대가가 따릅니다. 우리는 자신도 모르게 느끼는 감정에 대해 비난하거나 죄책감을 느끼며 스스로를 벌합니다. 이러한 부정적인 감정 때문에 위험을 감수하지 않게 되고, 그 결과 더 제한적이고 고통스러운 삶을 살아가게 됩니다. 내면 세계에 마음을 열고 호기심을 가지면 나의 경험을 통해 외부 세계를 더 효과적으로 탐색할 수 있습니다. 기꺼이 경험하기와 수용은 단순히 의도적으로 어려운 일을 하는 것이 아닙니다. 이는 또한 나의 가치에 기반한 행동을 할 때 TEAMS(생각, 감정, 행동 경향성, 기억, 감각)에 직면하는 데 도움을 줍니다.

오늘의 ACT: 마음 열기

내가 피하거나 차단하려고 했던 불편한 경험에 대해 적어 보세요. 그 경험을 차단하면서 놓친 것은 무엇인가요? 만약 그 상황에 다가가 마음을 연다면 어떤 감정을 느끼게 될까요?

ACT 점검하기: 오늘의 가치, 목표, 나를 되돌아보기

오늘의 연습

오늘은 원치 않는 내면의 경험과 상황을 차단하려는 충동을 알아차려 보세요. 대신, 그것에 부드럽게 마음을 여는 연습을 해 보세요. 다음 방법들은 마음을 여는 데 도움이 될 수 있습니다.

- **몸**: 불편한 느낌에 부드럽게 다가가고, 그 느낌이 몸 안에서 존재하도록 허용하기
- **마음**: 그 경험을 있는 그대로 받아들이는 모습 상상하기
- **행동**: 불편하더라도 내가 중요하게 여기는 것에 다가갈 수 있는 행동 취하기

이러한 마음을 여는 연습을 통해 더 많은 자유를 경험할 수 있을 것입니다.

일자: ____________________

6일차 바다생물과 고통: 가볍게 대하기

다이애나: 가끔 청소년 내담자에게 "너는 성게야, 아니면 말미잘이야?"라고 물어보곤 합니다. 아이들이 눈을 도르륵 굴리고 나면 저는 이렇게 설명을 덧붙입니다. "성게는 날카로운 가시로 연약한 속을 보호하고, 말미잘은 그 연약한 부분을 겉으로 드러내고 위협을 받으면 몸을 움츠려. 이것을 아는 게 나한테 도움이 되는데, 성게를 손으로 만질 때는 가볍게 쥐어야만 하고, 말미잘에는 부드럽게 다가가는 게 좋기 때문에 그래."

당신은 성게인가요, 아니면 말미잘인가요? 고통을 느낄 때 가시를 세우나요, 아니면 움츠리나요? 우리 모두는 불편함으로부터 자신을 보호합니다. 아마 이번 주차에 수용에 대한 작업을 하면서 이를 알아차렸을 수도 있습니다. 가시를 세우고 있는 청소년과 심리상담을 하는 것처럼, 나의 연약한 부분에 부드럽고 가볍게 접근하는 것이 더 효과적일 수 있습니다. 고통을 가벼운 방식으로 대한다면 그 경험이 달라질 수 있습니다.

- 근육의 긴장을 풀면 신체적 통증의 느낌이 달라질 수 있습니다.
- 트라우마에 대한 기억을 조심스럽게 탐색하면 회복이 촉진됩니다.
- 나의 취약함에 유머를 더하면 자신을 덜 심각하게 대하게 됩니다.
- 고통스러운 경험을 타인과 공유하면 마음이 가벼워집니다.

오늘은 불편함을 더 가볍게 대하는 방법에 대해 알아볼 것입니다.

오늘의 ACT: 긴장 풀기

나는 어떤 바다생물인가요? 고통을 느낄 때 가시를 세우나요, 아니면 움츠리나요? 가시를 세우거나 움츠리는 대신 무엇을 하고 싶은가요? 긴장을 풀거나, 약간의 유머를 더하거나, 누군가와 이야기하는 것이 도움이 될까요?

앞으로의 하루를 떠올렸을 때, 어떤 점이 힘들 것이라고 예상되나요? 저항하거나 견디거나 피하게 될 상황이 있나요? 어떻게 하면 내면의 경험을 조심스럽게 다룰 수 있을까요?

한 발짝 더 나아가기: 고통 다루기

두 손을 컵 모양으로 만들어 보세요. 그 안에 지금 나에게 고통을 주는 관계, 신체적 통증, 힘든 상황 등이 들어 있다고 상상해 보세요. 눈을 감고, 그것을 연약한 바다생물처럼 다루고 있다고 상상해 보세요. 고통을 가볍고 조심스럽게 다루며 3번 심호흡해 보세요.

ACT 점검하기: 오늘의 가치, 목표, 나를 되돌아보기

____

____

____

____

____

____

____

____

____

____

오늘의 연습

오늘은 불편함이 느껴질 때 성게처럼 가시를 세우거나 말미잘처럼 움츠리는 순간을 알아차려 보세요. 이를 악물거나, 숨을 참고 있거나, 어깨가 긴장하는 것을 주의 깊게 살펴보세요. 몸이 저항하고 있다는 것을 알아차리면, 깊게 숨을 쉬고 긴장을 조금 풀어 보세요. 마음과 몸에서 일어나는 경험을 가볍게 다루겠다고 다짐해 보세요.

일자: ____________________

7일차 가치와 고통은 뗄 수 없는 관계

이번 주차에 당신은 용감했습니다. 경험회피의 굴레를 자세히 살펴보고, 수용이라는 새로운 접근을 시도했습니다. 문제를 해결하려는 마음을 내려놓고, 나만의 울타리에서 한 발짝 나아가 고통을 세심하게 다루는 연습을 했습니다. 수용을 키움으로써 자신에게 멋진 선물을 주었습니다. 고통을 기꺼이 수용함으로써, 당신에게 진정으로 중요한 것을 추구할 수 있는 자유를 얻게 되었습니다. 고통과 가치는 뗄 수 없는 관계입니다. 하나가 없으면 다른 하나도 존재할 수 없습니다. 스티븐 헤이즈(Steven Hayes)가 기술한 것처럼 '아픔을 느끼는 곳에 나에게 중요한 것이 있고, 나에게 중요한 곳에서 아픔을 느낍니다(Hayes, 2019, p. 24).'

데비: 부모가 되는 것만큼 힘든 일은 없었습니다. 저는 토요일 아침에 침대에서 느긋하게 커피를 마시며 좋은 책을 읽는 것과 같은, 삶의 많은 즐거움을 아이들을 위해 희생했습니다. 살면서 지금까지 갓난쟁이 딸이 병원에 있을 때만큼 울어 본 적이 없습니다. 아이들에게 인내심을 잃기도 하고, 아이들과 하는 지루한 보드게임에 지치기도 하며, 수면 부족으로 힘들기도 했습니다. 양육에 대한 결정을 잘하고 있는지, 제가 잘못하고 있는 것은 아닌지 걱정합니다. 이런 기분을 느끼지 않았으면 좋겠지만, 이 경험들을 포기해야 할까요? 물론 아닙니다. 저는 아이들을 매우 사랑하고, 제 고통은 그만큼 아이들을 중요하게 여기기 때문에 나타난 결과입니다.

내가 매우 중요하게 여기는 것에 대해 생각해 보세요. 그것이 고통을 동반한다는 것을 알아차렸나요? 나에게 고통스러운 것은 무엇인가요? 그 안에 숨겨진 중요한 무언가가 있나요? 만약 그 일이 나에게 중요하지 않다면, 그렇게 아프지는 않을 것입니다. 수용은 고통이 따르더라도, 내가 가장 중요하게 여기는 일과 사람에게 다가갈 수 있는 유연성을 제공합니다.

가치에 따른 삶을 살기로 선택한다는 것은 고통을 감수하겠다는 선택을 하는 것과 같습니다. 달라이 라마(Dalai Lama)와 데스몬드 투투(Desmond Tutu)가 말했듯이, "고통 없이는 어떠한 아름다움도 존재하지 않습니다"(Dalai Lama, Tutu, & Abrahams, 2016, p. 43). 내가 기꺼이 고통을 감수하겠다고 한다면, 삶에서 어떤 아름다운 일이 일어날 수 있을까요?

오늘의 ACT: 가치와 고통 탐색하기

삶에서 고통과 어려움을 겪었던 순간을 떠올려 보세요. 그 경험을 통해 나에게 가장 중요한 것이 무엇인지 알 수 있었나요?

____

____

____

____

오늘 삶에서 고통스러운 것은 무엇인가요? 그 고통은 지금의 나에게 가장 중요한 것이 무엇이라고 이야기하나요?

____

____

____

____

ACT 점검하기: 오늘의 가치, 목표, 나를 되돌아보기

오늘의 연습

중요하게 생각하지만, 어떤 방식으로든 회피해 온 삶의 영역에 대해 생각해 보세요. 예를 들어, 건강을 돌보는 것을 회피하거나, 일을 미루거나, 중요한 사람과 거리를 두는 경우가 있습니다. 이러한 불편함은 내가 그것을 중요하게 여기기 때문에 느끼는 것임을 되새겨 보세요. 해당 영역에서 내가 무엇을 중요하게 여기는지 파악하고, 그 가치를 동기로 삼아 오늘 의미 있는 행동을 위한 작은 발걸음을 내디뎌 보세요.

한 주를 되돌아보기

이번 주차에는 경험의 일부를 회피하거나 바로잡으려 했던 방식에 대해 살펴봤습니다. 경험회피의 대안으로 용기, 기꺼이 경험하기, 열린 마음, 수용을 연습했습니다. 불편함을 통해 내가 중요하게 여기는 가치를 알아보았습니다. 이 모든 경험은 앞으로 남은 주차 동안 스스로에게 하는 이야기에서 벗어나, 나에게 가장 중요한 것을 향해 행동하는 데 도움이 될 것입니다.

5주차

관점 취하기:
넓은 관점으로 바라보기

다이애나: 여름에 산타바바라 해안가의 아침은 안개가 자욱한 날이 많습니다. 그래서 이곳의 현지 주민들은 이를 '회색빛 5월' '우중충한 6월' '안개 낀 8월'이라고 부릅니다. 바닷가 경치를 감상하기 위해 많은 돈을 지불한 여행객들은 아침에 이슬비가 내리고 있으면 실망하며 다시 침대로 돌아갑니다. 한편, 주민들은 분주하게 비치백에 짐을 싸고 아이들에게 선크림을 발라 줍니다. 여기 살고 있는 사람들은 안개가 일시적이고, 대부분 오후에는 안개가 걷히고 맑은 하늘이 드러난다는 것을 잘 알고 있기 때문입니다.

우리의 마음은 새로운 곳에서 앞으로 어떤 일이 일어날지 모르는 여행객과 비슷합니다. 우리 자신과 세상에 대해 이미 정해진 믿음은 안개처럼 우리의 경험을 왜곡하고 더 넓은 시야로 바라보는 것을 방해합니다. 인간은 세상을 이해하고 그 안에 소속되기 위해 이야기를 만듭니다. 그러나 우리가 만든 이야기가 경직되거나 그 너머를 볼 수 없을 때, 경험이 왜곡됩니다. 우리는 타인과의 진정한 관계를 희생하면서까지 자신의 자아상을 지키거나, '평범하다'는 평가를 받으면 실망하며 자존감을 높이려고 합니다(Neff, 2015). 인간은 친밀감과 소속감을 갈망하는데(Hayes, 2019), 우리의 개념화된 자기이야기는 우리가 학습하고, 친밀감을 경험하며, 더 큰 전체로서 나의 일부분을 바라보는 것을 방해합니다.

자기이야기에 갇힌 적이 있나요? 다음의 상황 중 해당하는 것에 체크해 보세요.

□ 무언가를 '잘하지 못한다.'라는 이야기를 믿어서 시도조차 하지 않았던 적이 있나요?
□ 무언가를 '아주 잘한다.'라는 이야기를 믿어서 그 일을 잘하지 못했을 때 스스로를 비난한 적이 있나요?
□ 좋은 인상을 주는 데 너무 몰두한 나머지, 함께 있는 사람의 말을 듣지 못한 적이 있나요?
□ 특정한 이야기에 갇혀 당신의 경험에 영향을 미치는 다른 요소들을 간과한 적이 있나요?

자기이야기에 갇히면 종종 다음과 같은 결과가 발생할 수 있습니다.

- 지금 여기에서 일어나는 것들을 놓치게 됩니다.
- 상황이 행동에 어떻게 영향을 주는지 볼 수 없습니다.
- 행동과 신념이 경직됩니다.
- 이미 알고 있는 것을 확인하는 증거를 찾게 됩니다.
- 타인의 관점을 이해하고 공감하는 능력이 부족해집니다.
- 자기충족적 예언[1]을 만들어 내고, 배우고 성장할 기회를 놓치게 됩니다.
- 사회, 공동체 또는 주변 사람들과의 관계가 단절되었다고 느낍니다.

우리는 마음이 만들어 낸 이야기 그 이상의 존재입니다. 자기이야기를

1) 역자 주: 어떤 주장이나 믿음을 사실로 믿으면 그 믿음이 실제로 이루어진다는 개념을 의미한다.

포함한 모든 내면의 경험은 당신의 주의가 향하는 영역에서 나타나는 현상이며, 결국 날씨처럼 지나갑니다. 지나가는 날씨를 담고 있는 하늘처럼, 이러한 경험을 받아들일 수 있는 내가 있습니다.

우리는 당신의 주의를 하늘 그 자체로 향하게 하고자 합니다. 하늘은 초월적인 나를 상징하며, 내가 누구인가에 대한 이야기가 아니라 나의 모든 생각, 감정, 이야기를 관찰하는 당신의 모습입니다. 이 초월적인 나는 5세 때도 나의 내면에 있었고, 95세가 되어도 여전히 그 자리에 있을 것입니다. 당신은 살면서 많은 경험을 하겠지만, 그 어떤 경험으로도 나를 완벽하게 정의할 수는 없습니다. 그 모든 경험을 초월하는 더 큰 내가 존재합니다.

이번 주차에는 이와 같은 더 큰 나와 접촉하기 위해 관점 취하기 기술을 사용해 볼 것입니다. 나의 자기이야기를 확인하고, 경험을 새로운 관점에서 바라보게 될 것입니다. 자기이야기의 내용만으로 자신을 정의하는 것을 넘어, 내가 살아오면서 배운 것들과 주변 환경이 어떤 영향을 주었는지를 함께 생각하며 나 자신을 더 넓고 전체적으로 바라볼 수 있게 됩니다. 이렇게 함으로써 당신은 삶의 어려움에 더 유연하게 대응하고, 자신의 경험을 더 명확하게 바라보며, 타인과 더 깊이 관계를 맺고, 나에 대한 새로운 가능성을 상상하는 데 도움이 될 것입니다. 마음에 드나요? 그럼 이제 시작해 봅시다!

일자: ____________________

1일차 나는 ~(이)다, 나는 ~할 수 없다, 나는 항상…

인간은 자신에 대한 이야기를 만들어 내는 경향이 있습니다. 이러한 이야기는 우리가 누구인지에 대한 일관된 느낌을 주며, 타인과 소통하고 세상에서의 자신의 위치를 이해하는 데 도움이 됩니다(Villatte, Villatte, & Hayes, 2016). 그러나 이야기하는 마음이 우리를 가두어 버릴 때 문제가 생길 수 있습니다. 다음의 예시를 살펴봅시다.

- 나는 똑똑하다.
- 나는 절대 거짓말을 하지 않는다.
- 나는 스트레스를 견디지 못한다.
- 나는 외향적인 사람이다.
- 나는 불안한 사람이다.
- 나는 ~와/과 같은 유형의 사람이다.

패턴을 알아차렸나요? '나는 ~(이)다.' '나는 절대로~' '나는 ~할 수 없다.'와 같은 표현은 우리가 자기이야기로 인해 갇혀 있다는 단서입니다. 내가 속한 맥락(맥락으로서의 자기)에 의해 내가 누구인지 형성된다고 보는 대신, 내가 누구이고 무엇인지에 대한 내용(내용으로서의 자기)에 과도하게 동일시하고 있는 것입니다(Hayes, Strosahl, & Wilson, 2012). 실제로 우리는 나 자신에게 말하는 이야기보다 더 복잡하고 미묘한 존재입니다(McHugh, Stewart, & Almada, 2019). 그러나 우리는 종종 이러한 사실을 잊고 자기이야기, 심지어 긍정적인 이야기에 갇히기도 합니다.

데비: 저는 친절한 사람이라는 말을 자주 듣습니다. 친절한 모습이 중요하다고 생각하기 때문에 나는 친절한 사람이라는 자기이야기를 긍정적으로 받아들이고 있습니다. 하지만 저는 단순히 그런 모습만 가진 존재가 아니며, 때로는 친절하지 않을 때도 있습니다. 그리고 때로는 이 이야기 때문에 저 자신이 갇히기도 합니다. '나는 친절한 사람'이라는 이야기에 사로잡히면 다른 사람을 기쁘게 해 주고 싶은 마음이 커지고, 친한 친구부터 영업 사원까지 모든 사람에게 적절한 선을 긋는 데 어려움을 겪게 됩니다.

자기이야기를 알아차림으로써, 우리는 자신의 행동이 어떻게 제약받고 있는지 알아차릴 수 있습니다. 더 넓은 관점을 받아들이면 내 이야기가 내 삶을 대신 결정하지 않고, 내가 스스로 행동을 선택할 수 있는 자유가 생깁니다.

오늘의 ACT: 자신을 틀 안에 가두기

다음 문구를 활용하여 내가 스스로에 대해 갖고 있는 신념을 적어 보세요.

나는 ______________________________(이)다.
나는 절대로 ______________________________.
나는 항상 ______________________________.
나는 ______________________________하지 않는다.
나는 ______________________________할 수 없다.

이제 좀 더 자세히 살펴보세요. 이 이야기가 항상 나에 대한 사실을 말해주나요, 아니면 나는 이보다 더 복잡한 존재인가요?

앞의 목록에서 하나를 골라 보세요. 이 이야기가 나에게 사실이었던 때와 사실이 아니었던 때를 적어 보세요.

어떤 상황이나 맥락에서 이 이야기가 떠오르나요?

이 이야기가 떠오르면, 나는 어떻게 행동하나요? 이 이야기가 나를 어떤 방식으로 제한하나요? 타인과 관계를 맺거나 가치와 일치하는 행동을 취하는 데 방해가 되지는 않나요?

이 이야기에 더 많은 맥락과 세부사항, 그리고 다양한 관점을 포함할 수 있도록 다시 적어 보세요.

ACT 점검하기: 오늘의 가치, 목표, 나를 되돌아보기

오늘의 연습

내가 어떤 자기이야기를 하고 있는지 살펴보세요. '나는 ~(이)다.' '나는 항상~' '나는 절대로~'와 같이 나를 가두는 단서를 찾아보고, 한 발짝 물러나 더 넓은 관점으로 바라보세요.

일자: ______________________

2일차 자기이야기 만나 보기

우리 마음이 언제나 객관적인 것은 아닙니다. 정치인의 홍보 비서관이 어떤 이야기를 전달하기 위해 '사실'을 왜곡할 수 있듯이, 우리의 마음도 환경으로부터 들어 온 정보를 과거 경험과 기존의 신념에 기반해 변형할 수 있습니다. 이러한 자기이야기 필터는 현재의 경험을 명확하게 보는 능력을 방해할 수 있습니다. 그 대신, 자기이야기 필터를 제거하고 현재의 경험을 더 명확하게 볼 수 있는 기술을 개발하는 것이 도움이 될 수 있습니다.

다이애나: 가끔 저는 내담자와 게임을 합니다. 내담자에게 그날의 문제를 카드에 적게 하지만, 무엇을 적었는지는 말하지 않도록 합니다. 그런 다음 그 문제에 대한 이야기를 들어 봅니다. "이 문제에 대해 당신의 마음은 어떤 이야기를 하나요? 이 이야기는 얼마나 오래된 건가요? 하루 중 몇 퍼센트나 이 이야기에 얽매여 있나요? 가장 친한 친구가 같은 이야기를 가지고 있다면, 그 친구에게 뭐라고 말할 건가요? 당신의 아이가 이 이야기를 가지고 있다면 어떻게 하겠습니까?" 면담이 끝난 후, 저는 내담자에게 문제를 공개하도록 요청합니다. 우리가 자기이야기에서 한 발짝 물러설 때 심리상담에서 많은 것을 이룰 수 있다는 것을 깨달았고, 이는 삶에서도 마찬가지입니다.

자신을 보다 유연하게 바라보는 첫 번째 단계는 자기이야기 필터를 거치지 않고, 있는 그대로의 직접적인 경험에 주의를 기울이는 것입니다. 다이애나가 내담자에게 하는 것처럼, 2주차에 배운 기술을 활용하여 자기이야기를 어느 정도 객관적으로 관찰할 수 있습니다. ACT 전문가인 론다 머윈(Rhonda Merwin, 2020) 박사가 우리 팟캐스트 128회에서 언급했듯이,

"당신의 이야기를 가지고 있으면서도 그 이야기에 휘둘리지 않을 수 있습니다." 내면의 이야기를 관찰하는 것은 가장 끈끈하게 달라붙은 자기이야기에서 빠져나올 수 있도록 약간의 여유 공간을 제공합니다.

오늘의 ACT: 자기이야기 인터뷰하기

나를 힘들게 하는 자기이야기를 한두 문장으로 요약해 보세요.

이제, 그 이야기와 관련하여 스스로에게 질문을 해 보세요. 이 이야기는 얼마나 오래된 건가요? 하루 중 몇 퍼센트나 이 이야기에 얽매여 있나요? 가장 친한 친구나 자녀가 같은 자기이야기를 가지고 있다면, 어떤 말을 해 주고 싶나요?

한 발짝 더 나아가기: 사실 그대로

앞에서 작성한 자기이야기를 살펴보며, 그 이야기에서 빠져나와 사실만으로 문제를 설명하고, 그 문제에 적절한 이름을 붙여 보세요. 큰 소리로 읽으면서 다음 문장을 완성하며 당신의 문제를 사실 그대로 묘사해 보세요. '나는 ~을/를 느끼고 있다.' '나는 ~을/를 생각하고 있다.' '나는 ~을/를 경험하고 있다.' 당신은 자기이야기를 가질 수 있지만, 그 이야기가 나를 지배하게 할 필요는 없습니다!

ACT 점검하기: 오늘의 가치, 목표, 나를 되돌아보기

____

____

____

____

____

____

____

____

오늘의 연습

크든 작든 문제가 발생했을 때 이를 알아차려 보세요. 한 발짝 물러서서 그 문제와 관련된 자기이야기를 찾아보세요. 나의 경험(행동, 생각, 감정, 감각)을 관찰하고 묘사해 보세요. '나는 ~ (이)다.'와 같은 자기진술 대신 '나는 ~을/를 느끼고 있다.' '나는 ~을/를 경험하고 있다.' '나는 ~을/를 생각하고 있다.'와 같은 방식으로 관찰해 보세요.

일자: ____________________

3일차 유연성 훈련하기

다이애나: 우리 집에는 TV 앞에 의자나 소파가 없습니다. '인생을 바꾸는 움직임(nutritious movement)'(Bowman, 2017)을 위해 그것들을 없앴습니다. 정해진 자리가 없기 때문에, 우리 가족은 TV를 보거나, 일하는 동안 창의적으로 무언가를 합니다. 제 아들들은 스포츠 경기를 보면서 미식축구공을 주고받고, 저는 팟캐스트를 편집하는 동안 종아리 스트레칭을 합니다. 우리는 집을 신체적 유연성을 기를 수 있는 환경으로 만들었습니다.

유연한 몸이 우리를 더 회복력 있게 만들고 삶의 역경에 잘 대응할 수 있게 하는 것처럼, 유연한 마음도 마찬가지입니다. 회복탄력성은 나쁜 일을 피하는 것이 아니라, 그 일에 어떻게 대응하느냐에 관한 것입니다. 자신을 가두는 이야기에서 유연하게 빠져나오는 방법을 배우면, 삶의 역경에 더 잘 대응할 수 있게 됩니다.

자기이야기는 효과적인 대응의 범위를 제한할 수 있습니다. 특히 그 이야기가 내가 원하는 모습과 일치하지 않을 경우 더욱 그렇습니다. 이는 '나는 사랑받을 수 없는 사람이야.'와 같은 가혹하거나 비판적인 자기이야기의 경우에 분명하게 드러납니다. 만약 이 이야기가 사실이라고 믿는다면, 연인을 만나기 위한 필수 조건인 데이트를 시작하지 않을 것입니다. 그러나 이는 겉보기에 긍정적인 자기이야기에도 마찬가지입니다. 예를 들어, '똑똑하다'는 말을 들었던 아이들이 어려운 문제에 직면했을 때 더 쉽게 포기한다는 연구 결과가 있습니다(Dweck, 2016).

나에 대해 사실이라고 믿는 것 너머를 바라보면, 내가 해낼 수 있는 일에 놀라게 될 것입니다.

오늘의 ACT: 마음 스트레칭

지금 나는 어떤 이야기에 사로잡혀 있나요? 그 이야기가 나의 행동 범위를 어떻게 제한하고 있나요? 어떻게 하면 나의 시각을 보다 넓힐 수 있을까요? 보다 유연하게 행동할 수 있는 방법에는 어떤 것이 있을까요?

ACT 점검하기: 오늘의 가치, 목표, 나를 되돌아보기

오늘의 연습

오래된 자기이야기 하나를 골라 보세요. 오늘은 그 이야기가 말하는 것과 일부러 반대로 행동해 보면서 유연성을 키우는 연습을 해 볼 것입니다. 내가 수줍은 사람이라고 생각한다면, 새로운 사람과 대화를 시도해 보세요. 내가 아침형 인간이 아니라고 생각한다면, 일찍 잠자리에 들어 보세요. 내가 깔끔한 성격의 사람이라고 생각한다면, 하루 종일 싱크대에 더러운 그릇을 두고 있어 보세요. 내가 다양한 면모를 가진 사람임을 세상에 보여 주세요! 이렇게 하면 나에 대한 관점이 어떻게 달라지는지 알아차려 보세요.

일자: ______________________

4일차 하늘과 같은 마음 찾아보기

콜로라도는 드넓고 맑은 하늘로 유명하지만, 6월의 가장 화창한 날에도 오후에는 갑작스럽게 천둥번개가 치면서 등산객들을 흠뻑 젖게 하곤 합니다. 우리의 마음도 이 콜로라도의 하늘과 비슷합니다. 어느 순간에는 마음이 드넓고 맑지만, 다음 순간에는 자기이야기로 인해 폭풍이 몰아칩니다. 날씨처럼, 우리의 마음 상태가 아무리 좋거나 나쁘더라도 영원히 지속되지 않습니다. 그리고 우리의 생각과 감정의 천둥이 아무리 커도, 하늘에 해를 끼치지는 못합니다.

모든 날씨 뒤편에는 항상 변하지 않는 큰 하늘이 있다는 사실을 기억하세요.

오늘은 '하늘과 같은 마음'이라고 부르는 더 넓은 마음 상태로 들어가 보겠습니다. 하늘과 같은 마음은 폭풍우가 몰아치는 내면의 경험까지 모두 받아들일 수 있는 능력입니다. 이 마음은 불안의 폭풍에 수치심을 느끼지 않고, 행복의 무지개에 집착하지 않으며, 지나가는 모든 내면의 경험을 받아들일 수 있는 여유를 제공합니다. 하늘과 같은 마음을 사용할 때, 우리는 더 넓은 관점을 갖고 주변 사람들과 세상에 더 깊게 연결된 기분을 느낍니다. 아마도 당신은 산 정상에 오를 때, 영성을 위한 활동을 할 때, 사랑하는 사람을 돌볼 때, 또는 집단의 일원이 되었을 때 하늘과 같은 마음을 경험해 본 적이 있을 것입니다.

우리의 뇌는 자기중심적인 사고방식과 넓은 관점 사이를 계속 오가는데, 이 2가지 모두 진화적으로 이점이 있습니다(Hanson, 2020a). 그러나 현대 문화는 자기중심적인 사고방식을 지나치게 강조합니다. 오늘날 현대인들이 하늘과 같은 마음으로 의도적으로 전환하는 연습이 필요한 이유입니다. 이러한 마음 상태에서는 일상의 내용에 얽매이지 않고 경험 전체를 관찰할 수 있습니다. 이는 협력과 유연성을 키우고 내가 더 큰 전체의 일부라는 느낌을 줍니다.

오늘의 ACT: 하늘과 같은 마음

하늘과 같은 마음을 경험했던 순간에 대해 적어 보세요. 그 마음을 찾는 데 도움이 되는 것은 무엇인가요? 삶의 어떤 영역에서 하늘과 같은 마음이 도움이 될 수 있을까요?

한 발짝 더 나아가기: 새로운 지평선

신경심리학자 릭 핸슨(Rick Hanson)에 따르면, 가까운 물체에 시선을 고정하면 **자기중심적**인 뇌영역이 더 활성화된다고 합니다(Hanson, 2020a). 그러나 하늘이나 지평선을 바라보면, 우리의 뇌는 나를 넘어 더 큰 전체의 일부로서 나 자신을 바라보는 **환경중심적**인 관점으로 전환됩니다. 이제 이 관점을 시도해 봅시다.

1. 나에게 가까이 있는 것을 바라보세요. 이 책의 글자나 책을 잡고 있는 나의 손을 바라보세요.
2. 이제 시선을 지평선이나 하늘로 돌려 보세요. 실내에 있다면 창밖을 내다보세요. 새를 따라가거나, 멀리 있는 나무나 건물을 바라보세요.
3. 나의 관점에 어떤 변화가 일어났나요?

ACT 점검하기: 오늘의 가치, 목표, 나를 되돌아보기

오늘의 연습

자기이야기의 날씨에 사로잡혀 있는 순간을 알아차려 보세요. 내가 생각하고 있는 내용에서 빠져나와 경험의 과정으로 이동해 보세요. 지평선을 바라보며 더 넓은 관점에서 내면의 경험을 살펴보세요.

일자: ____________________

5일차 시간 초월하기

지난 한 해를 되돌아보며, 당신이 경험한 좋았던 순간과 힘들었던 순간, 즉 전 세계에서 일어난 사건들이 당신에게 미친 영향, 개인적인 성취와 어려움, 그리고 일상 문제를 어떻게 해결했는지 기억해 보세요. 나의 마음에는 셀 수 없이 많은 생각들이 스쳐 지나갔고, 감정은 끊임없이 변화했으며, 몸은 한 살 더 나이를 먹고, 계속해서 숨을 쉬었습니다. 그동안 변하지 않고 존재한 한 가지가 있는데, 그것은 바로 나 자신입니다! 나는 그 자리에 있었고, 그 과정 속에서 삶의 모든 순간을 경험했습니다.

우리 자신과 현재의 문제에 대해 마음이 속삭이는 말에 사로잡히면, 시간이 지나면서 삶의 방향을 잃을 수 있습니다. 시야를 넓혀 인생을 전체적인 시간 속에서 자연스럽게 펼쳐지는 과정으로 바라보는 것이 도움이 될 수 있습니다. 비행기 창문으로 도시를 바라보면 우리의 시야가 달라지듯, 멀리서 넓은 시각으로 우리의 경험을 바라볼 때도 마찬가지로 인식이 달라질 수 있습니다. 길거리에서 보았을 때는 압도적인 혼란으로 느껴졌던 것이, 1만 피트 상공에서는 매우 다르게 보입니다. 로빈 왈서(Robyn Walser)가 말했듯이, "우리의 의식이 시간을 가로질러 확장되면서, 우리는 변화를 보게 되고, 삶의 지속적인 흐름을 보게 됩니다"(Walser, 2019, p. 80).

시간을 초월하고 하늘과 같은 마음으로 나아가는 한 가지 방법은 나의 삶을 멀리서 넓은 시각으로 바라보는 것입니다. 시간의 주관적이고 일시적인 본질을 인식할 때, 우리는 안도감과 슬픔을 동시에 느낄 수 있습니다. 최고의 휴가도 결국 끝나고, 잠을 못 자며 느낀 고통도 언젠가는 사라집니다. 그리고 우리는 그 모든 경험, 즉 좋은 순간과 힘든 순간을 함께 겪게 됩니다.

오늘의 ACT: 미래의 나, 과거의 나

잠시 시간을 내어 나의 삶을 멀리서 넓은 시각으로 바라보세요. 5세 때의 나를 만나러 간다고 상상해 보세요. 어린 시절의 나에게 어떤 말을 해 주고 싶나요? 어린 시절의 나는 지금의 나에게 어떤 말을 할까요?

이제 95세의 나를 멀리서 넓은 시각으로 바라보세요. 미래의 나는 지금의 나에게 어떤 말을 할까요? 나이가 든 나는 지금의 나에게 어떤 조언을 해 줄까요?

한 발짝 더 나아가기: 멀리서 넓은 시각으로 바라보기

다음의 시간선상에서, 태어날 때부터 죽을 때까지의 삶을 상상해 보세요. 지금 나는 어디쯤에 있을지 추측해 보고, 그 위치에 X 표시해 보세요.

출생 죽음

나에게 일어난 모든 주요 사건, 즉 이 선의 위아래로 지그재그로 이어지는 개인적인 최고점과 최저점을 생각해 보세요. 보다 넓은 시각에서 나의 삶을 바라볼 때, 관점이 어떻게 변하는지 알아차려 보세요.

ACT 점검하기: 오늘의 가치, 목표, 나를 되돌아보기

오늘의 연습

오늘 하루는 멀리서 넓은 시각으로 바라보면서 지내 보세요. 이렇게 바라보면 나에게 가장 중요한 것이 무엇인지에 대한 인식이 어떻게 바뀌나요?

일자: ____________________

6일차 친밀감 느끼기, 관계 맺기, 소속감 느끼기

데비: 친구와 커피를 마시는 동안, 그녀는 저에게 자신의 힘든 고민을 털어놨습니다. 무의식 중에 제 마음이 대화에서 떠나가고, 그 고민과 비슷한 제 걱정거리에 몰두하며 제 자신과 그녀를 마음속으로 비교하고 있었습니다. 저는 자기이야기에 사로잡혀, 그녀의 말을 반쯤 듣지 않고 있었습니다. 이 사실을 깨달았을 때, 저는 그녀의 고통에 다시 집중하고, 제가 원하는 모습의 친구가 되기 위해 노력했습니다.

사람이라면 누구나 누군가와 어울리고, 마음을 나누고, 함께 있고 싶어 하는 마음이 있습니다. 우리 뇌는 사회적인 특성을 가지고 있으며, 사회적 연결, 관점 취하기, 그리고 자비심을 담당하는 영역이 있습니다. 하지만 때때로 우리가 자기이야기와 자아에 사로잡히면, 타인과의 소통이나 관계를 형성하는 데 어려움을 겪을 수 있습니다. 자기이야기는 다음과 같은 경우 단절을 초래할 수 있습니다.

- 자신과 타인을 비교하는 데 몰두하는 경우
- 사람들과 어울리지 못하는 것을 걱정하고, 의도치 않게 타인을 밀어내는 경우
- 타인의 행동을 자신의 기준으로 해석하고 최악의 상황을 가정하는 경우
- 타인의 관점을 받아들이지 않아 공감하거나 자비심을 가지기 어려운 경우

하늘과 같은 마음을 사용하고, 관점 취하기를 연습하며, 자신의 이야기에서 한 발짝 물러나면, 타인과 관계를 잘 맺을 수 있습니다. 관점 취하기는 갈등 해결, 자비심, 사회정의, 진정한 관계의 핵심입니다. 『자유로운 마음(A Liberated Mind)』에서 스티븐 헤이즈(Steven Hayes)는 이렇게 기술하고 있습니다. "자신의 내면을 이해하게 되면, 다른 사람의 입장과 감정도 더 잘 이해할 수 있습니다. 이렇게 되면 사람들과 더 깊고 의미 있는 관계를 맺고 있다는 것을 알게 됩니다. 이는 우리가 보다 진정한 나로 살아가면서도 다른 사람들과 깊은 관계를 가질 수 있도록 도와줍니다(Hayes, 2019, p. 176)." 관계에서 온전히 존재하고 깊은 관계를 맺기 위해서는, 자신의 관점을 넘어 다른 사람의 관점을 온전하게 받아들일 수 있어야 합니다.

오늘의 ACT: 더 깊은 관계 만들기

자기이야기에 사로잡혀 있어 관계 맺는 데 어려운 사람이 있나요? 내가 취할 수 있는 다른 관점은 무엇인가요? 어떻게 하면 이러한 자기이야기를 내려놓고, 더 깊은 관계를 위해 마음을 열 수 있을까요?

ACT 점검하기: 오늘의 가치, 목표, 나를 되돌아보기

오늘의 연습

오늘 시도할 사회적 상호작용을 하나 선택하고, 하늘과 같은 마음을 가지고 그 상호작용에 참여해 보세요. 자기이야기에서 한 발짝 물러나 상대방은 어떻게 느끼고 생각하는지 그 입장에서 바라보세요. 상대방이 이야기하는 동안 온 힘을 다해 경청하고, 그들에게 진정으로 열린 마음을 가져 보세요. 마음이 다른 곳으로 흐를 때마다 다시 상대방에게 집중해 보세요.

자기이야기로 인해 다른 사람과의 관계에서 멀어졌던 경험과 비교해, 이러한 형태의 관계가 어떻게 다르게 느껴지는지 알아차려 보세요.

일자: ____________

7일차 가능성 탐색하기

자기이야기에 갇히면 삶의 모든 가능성을 보기 어려울 수 있습니다. 때로는 자존감을 지키거나, 자기이야기를 방어하거나, 원하는 결과를 얻는 데 지나치게 집중한 나머지 꿈을 실현할 기회를 놓치기도 합니다.

데비: 연말마다 '호두까기 인형' 발레 공연을 보러 가는 저만의 전통이 있습니다. 12월이 되면 거실에서 제가 발레리나처럼 빙글빙글 돌고 점프하는 모습을 자주 볼 수 있습니다. 한 해는, (비록 기술은 부족하지만) 남편이 제 열정을 보고 "발레 수업을 들어 보는 건 어때?"라고 말했습니다. 그 순간 작은 가능성의 씨앗이 싹트기 시작했습니다. '내가? 발레를? 9살 이후로는 해 본 적이 없는데!' 제 마음속에서는 이런 자기이야기가 떠올랐습니다. '난 나이가 너무 많아. 시간도 없고 발레를 할 만큼 몸이 유연하지 않아.' 그러나 저는 그 생각을 떨쳐 버릴 수 없었습니다. 곧, 성인을 위한 기초 발레 수업을 제공하는 작은 발레 스튜디오를 찾았습니다. 어느새 그 가능성의 씨앗이 자라나 있었고, 저는 지금 발레 바 앞에 서서 플리에[2] 동작을 연습하고 있었습니다!

우리 대부분은 새로운 것을 시도하는 데 잘되지 않을 만한 이유를 많이 떠올릴 수 있습니다. 하지만 가능성의 영역을 탐색한다는 것은 어떤 것일까요? 자기이야기에 얽매이지 않는다면 삶이 어떻게 달라질 수 있을지 새로운 시각으로 더 넓은 관점에서 상상해 보세요. 무엇을 열망하고 있나요? 어떤 꿈을 꾸고 있나요? 어떤 제약도 없이 자유롭게 선택할 수 있다면 어떤

2) 역자 주: 등을 곧게 펴고 무릎을 발끝 방향으로 천천히 굽혔다 펴는 발레 동작이다.

일이 가능해질까요? 헬렌 네빌(Helen Neville, 2020) 박사는 팟캐스트에서 "우리는 항상 논리적으로 가능한 것에 대해 생각하기보다는, 우리가 가능하게 만들 수 있는 불가능한 것에 대해 생각해야 합니다."라고 말했습니다.

오늘의 ACT: 가능성 탐색하기

아무도 모르게 해 보고 싶었던 일의 목록을 만들어 보세요. 일어날 가능성이 없는 일을 적어도 괜찮습니다. 우리는 현실에 얽매이지 않고 가능성의 영역을 탐색하고 있으니까요.

앞의 목록은 내가 무엇을 하고 싶어 하는지에 대해 어떤 말을 해 주나요? 내가 열망하는 것은 무엇인가요? 현실의 한계에서 벗어나면 어떤 가능성이 열릴까요?

ACT 점검하기: 오늘의 가치, 목표, 나를 되돌아보기

오늘의 연습

오늘은 자기이야기에서 빠져나와 아직 시도해 보지 않았지만 할 수도 있는 일들을 향해 한 걸음 내딛어 보세요. 아무도 모르게 한 번쯤 해 보고 싶었던 행동 중 하나를 시도해 볼 수도 있습니다. 그 일이 크든 작든 상관없어요. 직접 행동해 보면, 불가능해 보였던 상황 속에 숨겨진 마법을 발견할 수 있을지도 모릅니다.

한 주를 되돌아보기

이제 자기이야기에서 한 발짝 물러나 하늘과 같은 마음을 확인하고 새로운 가능성을 발견했으니, 더 유연해진 자기가 나아가고 싶은 방향을 탐색해 볼 시간입니다! 새로운 관점을 가지고 나에게 가장 중요한 것이 무엇이고 누가 가장 중요한지, 그리고 세상에서 어떤 존재가 되고 싶은지 탐색해 보세요.

6주차

가치:
삶의 방향 선택하기

많은 자기계발서들은 삶을 더 나은 방향으로 바꾸는 방법과 전략을 제시합니다. 하지만 여기서는 그런 방법을 제시하는 대신, 당신이 추구하는 변화가 당신이 진정으로 중요하게 여기는 변화인지 확인해 보고자 합니다.

즐거움이나 중요하지 않은 목표를 좇아가는 대신, 의미와 목적 그리고 활력을 주는 삶에 집중한다면 어떨까요? 로빈 왈서(Robyn Walser)가 『ACT의 핵심(The Heart of ACT)』에서 언급했듯이, 가치에 따른 삶은 '우리 삶을 채우는 단순한 일상행동보다 더 깊은 의미를 가집니다. 또한 하나의 목표나 여러 목표를 이루는 것보다도 더 깊은 의미가 있습니다. 이는 개인에게 의미를 주는 더 큰 열망을 따라 사는 것을 의미합니다'(Walser, 2019, p. 50).

가치는 일상행동을 나 자신과 우리가 직면한 어려움 너머의 더 큰 무언가와 연결해 주는 역할을 합니다. 의미 있고 충만한 삶을 산다는 것은 어떤 의미인가요? 나는 어떤 친구, 형제자매, 배우자/연인, 지역사회 구성원 또는 직장인이 되고 싶은가요? 만약 6개월의 삶이 남았다면, 나에게 가장 중요한 것은 무엇인가요? 이러한 질문들은 우리가 보다 풍요로운 삶으로 나아가도록 행동하는 데 도움을 줄 수 있습니다. 우리 팟캐스트에서 제나 르준(Jenna LeJeune, 2019)은 내담자가 삶의 의미를 발견하도록 돕는 데 관심이 있다기보다는, 내담자가 자신에게 의미 있는 것이 무엇인지 발견하도록 돕는 데 관심이 있다고 말합니다. 이 일지의 목표도 마찬가지입니다.

가치

가치란 정확히 무엇일까요?

- 가치는 행복을 추구하는 것이 아니라 의미를 만드는 것입니다.
- 가치는 종착점이 있는 목표가 아니라 당신을 안내하는 방향을 알려 주는 것입니다.
- 가치는 기대나 미리 정해진 도덕적 기준, 사회적 승인이 아닌 내가 자유롭게 선택한 매우 개인적인 것입니다.
- 가치는 행동의 영역(예: 가족)이 아닌 행동의 특성(예: 용서하기)으로 구성됩니다.
- 가치는 고통이 없고 즐거움으로 가득 찬 삶을 보장하지 않습니다.
- 가치는 나의 취약한 부분과 관련이 있습니다. 삶에서 중요하게 여기는 것에 집중할수록 나의 취약한 부분이 드러납니다.
- 가치는 삶에서 상실이나 어려움을 겪는 것을 막아 주지 않습니다.

우리는 이미 무엇이 중요한지 알고 있음에도 불구하고, 행동으로 옮기는 것을 미룰 때가 있습니다. 우리는 상황이 바뀌거나, 기분이 '나아지거나', 자신에 대한 어떤 점이 '고쳐지거나' 개선되어야만 비로소 가치에 따른 행동을 할 수 있다고 생각하기 쉽습니다.

다음은 몇 가지 예시입니다.

- 다이애나: 아이들과 더 많이 놀고 싶지만, 끝내지 못한 일 때문에 죄책감을 느껴요.
- 데비: 글을 쓰고 싶지만, 시작할 자신이 없어요.
- 다이애나: 팟캐스트에서 인종차별 문제에 대해 우리가 할 수 있는 일을 더 많이 다루고 싶지만, 그 과정이 쉽지 않을 것 같아요.
- 데비: 운동을 더 하고 싶지만, 동기가 생길 때까지 기다리고 있어요.

우리는 중요하게 여기는 일이 아닌 다른 일을 하느라 너무 많은 시간을 허비할 수 있습니다.

ACT에서는 가치에 따른 삶을 살기 위해 무언가가 변할 때까지 기다릴 필요가 없습니다(Hayes, Strosahl, & Wilson, 2012). 언제나 작지만 의미 있는 시도를 할 수 있으며, 오늘부터 바로 시작할 수 있습니다.

이번 주차에는 나에게 중요한 가치를 명확히 하고, 이러한 특성을 일상생활에서 더 많이 실천하기 위해 노력할 것입니다. 미술 큐레이터가 전시를 위해 신중하게 작품을 선택하듯, 당신도 자신이 만들고자 하는 삶, 즉 현재 상황과 무관하게 뿌듯함을 느낄 수 있는 삶을 위해 가치와 그에 기반한 행동을 선택하게 될 것입니다.

일자: ____________________

1일차 즐거운 느낌과 의미 구분하기

> 데비: 일 때문에 지쳐 있던 어느 날, 저는 베이글 가게 카운터 뒤에서 일하는 사람들이 베이글을 만들며 농담을 주고받고 음악을 듣는 모습을 보았습니다. 정말 재미있어 보였죠! 그래서 현재 일을 그만두고 베이글 가게에서 일하면 스트레스를 덜 받겠다고 생각했지만, 제가 좋아하는 모든 것을 그리워하게 될 것이라는 사실을 깨달았습니다.

대부분의 사람들은 기분 좋은 상태를 원합니다. 언젠가는 이러한 상태가 지속되기를 바라며 행복이나 평온함과 같은 기분 좋은 상태를 끊임없이 추구할 수도 있습니다. 하지만 즐거운 기분은 일시적입니다. 단순히 즐거움을 위한 활동에 참여하여 잠시 동안은 기분이 좋을 수 있지만, 장기적인 웰빙에는 도움이 되지 않습니다(Huta & Ryan, 2010). 계속해서 기분 좋게 느끼는 것에만 집중하게 되면 목적 없이 표류하는 느낌이 들 수 있습니다.

의미 있는 삶을 추구하는 것이 더 만족스러운 길입니다. 가장 기억에 남는 경험을 떠올려 보세요. 학위 취득을 위해 열심히 노력했거나, 관심 있는 분야에서 자원봉사를 했거나, 여행을 다녀왔거나, 부상이나 중독에서 회복했을 수도 있습니다. 이러한 경험에는 어느 정도의 스트레스나 정서적 고통이 수반될 수 있지만, 장기적으로 보면 의미 있는 삶을 사는 것은 즐거움만을 추구하는 것보다 더 깊은 만족감을 가져다줍니다(Smith, 2017). 의미 있는 활동에 참여하면 나의 행동이 중요하다는 느낌을 받을 수 있습니다. 의미 있는 활동에 참여한 사람들은 몇 달이 지난 후에도 더 긍정적인 기분을 느끼고, 더 풍요롭게 삶을 영위하며, 더 큰 무언가의 일부라는 느낌을 받는다고 보고합니다(Huta & Ryan, 2010). 삶에 목적이 있는 사람들은 또한 역경에 직면했을 때 회복력이 높아지고(Tedeschi & Calhoun, 2004), 수명 연장에도 도움이 됩니다(Buettner, 2008).

오늘의 ACT: 의미의 추구

할 때는 즐겁지만, 지나고 나면 크게 만족스럽지 않았던 일을 떠올려 보세요.

중요하거나 성취감을 주는 일, 즉 항상 즐겁지는 않지만 더 큰 목적의식을 느끼게 해 주는 일에 대해 적어 보세요.

중요한 일을 할 때 나의 경험은 어떻게 달라지나요? 그리고 그런 방식으로 행동할 때는 어떤 어려움이 있나요?

어떻게 하면 앞으로 더 자주 삶의 의미를 추구하면서 살 수 있을까요?

한 발짝 더 나아가기: 의미 있는 순간

어제 하루를 되돌아보며 보람 있었던 순간을 떠올린다면, 어떤 순간이었나요? 이 순간은 현재 나의 삶에서 가장 중요한 것이 무엇인지 보여 줍니다. 그것은 무엇인가요?

ACT 점검하기: 오늘의 가치, 목표, 나를 되돌아보기

오늘의 연습

오늘은 나 자신을 넘어서는, 즉 세상에 변화를 주고, 나에게 보람을 주는 작지만 의미 있는 행동 한 가지를 실천해 보세요. 누군가를 돌보거나, 환경에 도움이 되는 행동을 하거나, 사람으로서 당연히 지켜야 할 올바른 도리를 위해 행동하는 것이 될 수 있습니다. 이 행동을 할 때 어떤 감정이 드는지 주의 깊게 살펴보세요.

일자: ____________________

2일차 내 인생의 좌우명

ACT에서 가치란 삶을 살아가는 방식에 대한 특성으로 정의됩니다. 우리는 자신이 원하는 모습에 부합하는 방식으로 행동하기를 원합니다. 당신의 행동이 당신의 가치와 연결되어 있지 않다면, 삶의 여러 사건들에 내가 원하는 방식으로 대응할 수 있는 일관적인 기준을 가지기 어렵고, 결국은 방향을 잃고 충동적으로 반응하게 됩니다.

데비: 어떤 이메일에는 서명란 아래에 인용구나 좌우명이 적혀 있잖아요? 제가 본 하나의 인용구에서 영감을 받아 저도 제 자신을 위한 작은 좌우명을 써 보았습니다. 한동안 생각한 끝에 '친절하게, 용감하게, 충만하게 살자.'라는 문구를 썼습니다. 저에게 이 말들은 제가 어떻게 살고 싶은지를 잘 요약해 줍니다. 이 좌우명은 지금까지도 제 마음속에 남아 있으며, 제 가치를 상기해야 할 때면 이 말을 떠올리곤 합니다.

나의 가치를 정확히 파악하기 위한 첫 번째 단계는 내가 어떻게 살고 싶은지 생각해 보고, 나에게 중요한 특성을 명확히 하는 것입니다. 다음은 내가 선택할 수 있는 많은 특성 중 몇 가지 예시입니다.

자비로운	관대한	사랑이 넘치는
용감한	열심히 일하는	충실한
호기심 많은	겸손한	개방적인
공정한	독립적인	책임감 있는
재미있는	친절한	진지한

나의 진정한 가치를 발견하려면, 내 삶에서 키워 나가고 싶은 가장 중요한 특성에 대해 생각해 보세요. 이 특성들은 다른 사람들이 나를 묘사한다고 했을 때, 내가 가장 듣고 싶을 만한 것들입니다.

오늘의 ACT: 키워 나가고 싶은 특성

내가 존경하는 사람은 누구인가요? 아는 사람이든 유명인이든 영적 지도자든 상관없습니다. 그들에 대해 가장 존경하는 특성은 무엇인가요?

나에게 중요한 사람이나 가족이 나를 처음 만나는 사람에게 소개한다고 상상해 보세요. 그들이 말해 주었으면 하는 특성 중 **가장** 듣고 싶은 것은 무엇인가요?

한 발짝 더 나아가기: 나만의 좌우명 만들기

인생 좌우명을 쓴다면, 어떤 내용으로 하고 싶은가요? 포함하고 싶은 단어나 문구는 무엇인가요?

ACT 점검하기: 오늘의 가치, 목표, 나를 되돌아보기

오늘의 연습

오늘 행동을 통해 가장 보여 주고 싶은 나의 특성 하나를 생각해 보세요. 기억하기 어렵다면, 작은 종이에 적어서 가지고 다니거나 자주 볼 수 있는 곳에 붙여 두세요. 오늘 가능한 한 많이, 나의 행동 그리고 다른 사람들과의 상호작용에서 이 특성을 작게는 일상적인 작은 행동에서, 크게는 특별한 상황에서 드러내는 데 집중해 보세요.

일자: ____________________

3일차 가장 중요한 가치

다이애나: 데비와 함께 책을 쓰기로 결정했을 때, 저는 아무도 모르게 기뻐했습니다. 그 덕분에 데비와 더 많은 시간을 보낼 수 있게 되었기 때문입니다. 저는 주로 혼자 일하는 편이지만, 가까운 친구들과 더 자주 교류하고 싶어 하기도 합니다. 이 책을 함께 작업하면서 '진정한 우정'과 '사람들의 삶을 개선하는 일'이라는 제 가치를 실천할 수 있었습니다. 그래서 저는 한 번에 여러 가치를 실천할 수 있는 행동을 '여러 가치를 담은' 행동이라고 부르게 되었습니다.

가치에 대해 말할 때, 사람들은 종종 "저는 건강을 중요하게 생각합니다."라고 하거나 "저는 가족을 중요하게 생각합니다."라고 말하고 거기서 그치는 경우가 많습니다. 하지만 가족을 중요하게 생각한다고 하면서도 중요한 마감일 때문에 늦게까지 일하기로 선택한다면 어떨까요? 또는 건강을 중요하게 생각하지만 친구의 생일을 축하하기 위해 케이크를 먹기로 선택한다면요? 그러면 당신의 가치를 포기하게 되는 것일까요? 물론 아닙니다! 궁극적으로 가족관계, 일(직장, 직업, 그 외 업무), 사회참여/시민의식과 같은 삶의 중요한 영역은 상황에 따라 각기 다른 방식으로 가치를 실천하는 영역입니다.

때로는 가치들이 서로 충돌하는 것처럼 느껴질 때가 있습니다. 시간과 에너지를 어디에 투자할지 선택해야 하는 것은 사실이지만, 이러한 '충돌'은 사실 그 순간에 어떤 가치나 특성을 표현할 것인지에 대한 우선순위를 정하는 문제일 뿐입니다. 일반적으로 가치는 여러 영역에서 겹치는 경우가 많으며, 영역 간의 충돌을 해결할 필요는 없습니다. 오히려 서로를 더 의미 있게 할 수 있는 방법을 모색할 수 있습니다(Schonbrun, 2014;

Schonbrun & Corey, 2020). 다이애나가 자신의 여러 가치를 담은 행동을 하듯, 각 영역에서 한 번에 여러 가지 가치를 실천할 수도 있다는 사실을 잊지 마세요. 항상 쉬운 것은 아니지만, 중요한 상황에서 우리의 가치를 드러낼 수 있는 방법을 찾을 수 있습니다.

오늘의 ACT: 가치로 활력 되찾기

지금 중요하다고 느껴지는 삶의 영역 몇 가지에 동그라미 표시해 보세요. 아마도 소홀했던 영역일 수 있습니다.

가족관계	휴식과 여가생활	환경
연인 또는 배우자관계	건강관리	친구/사회적 관계
배움/교육/일	창의적 표현	개인적 성장
사회참여/시민의식	영성	기타: ________

동그라미 표시한 영역에서 가장 중요하게 생각하는 것은 무엇인가요?

____

____

____

____

내가 중요하게 생각하는 것을 보여 줄 수 있는 행동에는 어떤 것이 있나요?

____

____

____

____

이러한 가치가 다른 삶의 영역으로 어떻게 확산될 수 있을까요? 이 영역을 더욱 가치 있게 만들려면 어떻게 해야 할까요?

ACT 점검하기: 오늘의 가치, 목표, 나를 되돌아보기

오늘의 연습

내 삶에서 다시 활력을 불어넣고 싶은 영역 한 가지를 선택해 보세요. 나의 가치에 따라 행동함으로써 이 영역에 더 많은 배려(다른 사람을 생각하고 돕는 마음), 창의성(새로운 아이디어나 방법을 시도하는 것) 그리고 활력(에너지와 열정)을 더해 보세요. 이렇게 행동할 때 어떤 느낌이 드는지 알아차려 보세요.

일자: ________________

4일차 사랑이 향하는 곳

다이애나: 산타바바라는 해변으로 유명하지만, 산불로도 잘 알려져 있습니다. 제가 7세 때, 어머니는 키우던 개와 새를 데리고 차에 짐을 실은 채 연기를 뚫고 친구네 집으로 갔고, 거기서 TV로 화재를 지켜보던 기억이 납니다. 2017년에는 제가 엄마로서 가족을 챙겨 연기를 뚫고 안전한 곳으로 가야 했습니다. 우리 부부는 각 아이에게 신발 상자를 주어 가장 소중한 물건들을 담게 했습니다. 키우던 닭들은 집에 두어야 했습니다. 차를 타고 떠나면서 집을 돌아보았을 때, 어떤 것이 불타더라도 저에게 중요한 '사랑'이라는 가치는 항상 함께한다는 것을 알게 되었습니다.

평소처럼 일상을 보내다가 이직, 자연재해, 전쟁, 사망이나 질병, 교통사고, 팬데믹 등 예상치 못한 큰 사건으로 인해 모든 것이 순식간에 바뀐 경험이 있나요? 그러한 사건이 당신의 관점을 어떻게 변화시켰나요? 가장 사랑하는 것을 새로운 시각으로 바라보는 데 도움이 되었나요?

대부분의 경우, 가치는 사랑으로 귀결됩니다.

앞의 문구를 상기시키기 위해 대피 경고나 의학적 진단이나 직장을 잃는 것을 기다릴 필요는 없습니다. 대신 사랑이 가장 소중한 것처럼 매일 행동할 수 있습니다. 오늘은 사랑을 행동으로 옮기는 것의 가치에 대해 살펴보고 하루 일과에 추가할 수 있는 몇 가지 구체적인 방법을 만들어 보겠습니다.

오늘의 ACT: 무엇을 챙겨 갈 건가요?

급히 대피하면서 집을 떠나야 한다고 상상해 보세요. 반드시 챙겨 갈 중요한 물건은 무엇인가요? 이 물건은 내가 가장 사랑하는 것이 무엇인지 보여 줍니다. 그것은 무엇인가요?

오늘 그 사랑을 어떻게 행동으로 옮길 수 있을까요?

ACT 점검하기: 오늘의 가치, 목표, 나를 되돌아보기

오늘의 연습

가치는 단어, 그림, 물건, 소리로 표현될 수 있습니다. 나의 가치를 묘사하고 그에 따라 행동하도록 상기시켜 줄 무언가를 만들어 보세요.

다음은 몇 가지 예시입니다.

- 컴퓨터 바탕화면의 사진
- 의미 있는 벨소리
- 지갑 속 메모
- 의미 있는 장신구나 보석
- 물병에 붙인 스티커
- 이메일 서명
- 침대 옆 테이블의 물건
- 의미 있는 문신

이는 내가 일상에서 자주 접할 수 있는 것이어야 합니다.

일자: ____________________

5일차 방향 선택하기

가치는 종종 선택할 수 있는 방향으로 묘사되곤 합니다. 지구상 어디에 있든 항상 동서남북을 가리킬 수 있는 것처럼, 하루 중 어떤 상황에서도 가치를 향해 나아갈 수 있습니다. 반면, 목표는 그 과정에서 넘거나 지나야 할 산, 사막, 강과 같습니다. 예를 들어, '건강관리'라는 가치를 향해 나아가고자 10킬로미터 달리기를 장기 목표로 세워 훈련을 시작한다고 가정해 봅시다. 하지만 대회가 취소되거나 부상을 입으면 어떻게 해야 할까요? 여전히 건강관리의 방향으로 나아갈 수 있을까요? 물론입니다! 목표를 조정하면 됩니다.

데비: 저는 연인관계나 결혼을 목표로 삼았지만 데이트가 잘 풀리지 않아 낙담하는 많은 내담자들을 만나 왔습니다. 그럴 때 저는 그들에게 관계 목표의 근간이 되는 사랑, 존중, 우정과 같은 더 깊은 가치를 상기시키고, 친구, 직장, 데이트 등 가능한 모든 상황에서 이러한 가치를 행동으로 옮기도록 격려합니다.

항상 나의 가치에 따라 완벽하게 살 수는 없습니다. 목표를 달성할 때도 있고, 그렇지 않을 때도 있지만, 언제나 중요한 것에 맞춰 방향을 재조정할 수 있습니다. 우리는 중요하게 여기는 특성을 드러내고 싶어 하지만, 원하는 모습에 100% 다다른다고 느끼는 경우는 드뭅니다.

자신에게 너그러워지세요.

방향을 재조정하고, 적응하며, 계속 나아가는 것이 여정의 일부입니다. 지난 며칠 동안 당신이 나아가고 싶은 방향을 알아보았습니다. 오늘은 그 과정에서 동기를 부여하는 데 도움이 될 몇 가지 목표를 정할 것입니다.

다음 주차에는 목표를 달성하기 위한 전념행동에 대해 다룰 것입니다.

오늘의 ACT: 올라야 할 산들

인생에서 중요한 것은 방향입니다. 삶에서 어떤 방향으로 나아가고 싶나요? 그 과정에서 도달할 수 있는 구체적인 목표는 무엇인가요? 이러한 목표를 달성하기 위한 일정 계획이 있나요?

나아가고 싶은 방향: ______________________________

그 과정에서의 목표: ______________________________

____

____

____

나아가고 싶은 방향: ______________________________

그 과정에서의 목표: ______________________________

____

____

____

나아가고 싶은 방향: ______________________________

그 과정에서의 목표: ______________________________

____

____

____

ACT 점검하기: 오늘의 가치, 목표, 나를 되돌아보기

오늘의 연습

앞에서 작성한 방향 중 하나를 선택하고, 그 방향으로 (크든 작든) 의미 있는 행동을 취해 보세요. 달리기 대회에 등록하거나, 친구에게 전화하거나, 미술용품을 구입해 보세요. 중요한 방향으로 의미 있는 첫걸음을 내디뎌 보세요.

일자: ____________________

6일차 가치 나침반

데비: 제 인생 좌우명에 '친절하라.'라는 문구가 있다는 걸 기억하나요? 하지만 항상 이 좌우명대로 살고 있는 것은 아니며, 심지어 제가 가장 사랑하는 사람들에게도 항상 친절하게 행동하지 못하는 경우가 있습니다. 어느 날(사실은 아주 많은 날에 걸쳐) 피곤하고 짜증이 난 적이 있습니다. 남편이 대화를 시도했지만, 저는 무시하고 불평만 했죠. 그날 밤 저는 그런 행동에 대해 죄책감을 느꼈습니다. 기분이 좋지 않은 날에도 친절하고 소통하는 배우자가 되고 싶다는 것을 떠올렸습니다. 다음 날 아침, 저는 하던 일을 멈추고 그를 똑바로 바라보며 '관심을 기울이기'로 했습니다.

삶에서 우리는 때때로 방향을 잃게 됩니다. 누구나 그런 경험을 하기 마련입니다. 그럴 때, 자신의 가치에 귀 기울이는 것은 마치 나침반을 사용하는 것과 같습니다. 가치 나침반은 우리가 어느 위치에 있든 유연하게 길을 찾도록 도와줍니다. 가치 나침반이 있으면 미리 표시된 길을 따를 필요가 없어서, 인생의 광야를 더 자유롭게 탐험할 수 있습니다!

올바른 방향으로 나아가고자 할 때 감정과 감각이 길잡이가 될 수 있으므로, 이를 주의 깊게 살펴보는 것이 좋습니다. 활력, 갈망, 후회, 그리움, 상실감, 또는 기회를 놓치는 데서 오는 고통과 같은 내면의 신호가 당신을 안내할 수 있습니다. 그리고 나의 몸속 깊은 곳에서 무언가 '옳다고 느껴질 때', 이는 당신이 올바른 방향으로 나아가고 있다는 신호일 수 있습니다.

가치 나침반이 제대로 설정되면, 우리는 길을 잃지 않고 새로운 상황에 적응할 수 있으며, 직업 변화, 새로운 관계, 갈등, 질병, 상실, 또는 재발과 같은 예상치 못한 상황을 헤쳐 나갈 수 있습니다. 결국 중요한 것은 가치로부터 벗어났는가의 문제가 아닙니다. 누구나 그런 순간이 있을 수 있습니다. 중요한 것은 길을 잃었을 때 어떻게 행동하느냐입니다.

오늘의 ACT: 나침반 설정하기

가치와 일치하는 행동을 했던 경험에 대해 적어 보세요. 그때 어떤 느낌이 들었나요?

지난 한 주를 돌아봤을 때, 언제 가치로부터 멀어지는 행동을 했다고 느낀 것은 언제인가요?

가치로부터 멀어지는 행동을 했을 때, 그 경험이 방향을 어떻게 조정해야 하는지에 대한 통찰을 주었나요? 그것은 어떤 것이었나요? 예상치 못한 장애물에 적응하기 위해 ACT 과정을 어떻게 활용할 수 있을까요? 다음 주차에 가치 나침반을 어느 방향으로 향하게 하고 싶나요?

ACT 점검하기: 오늘의 가치, 목표, 나를 되돌아보기

오늘의 연습

오늘은 감각과 감정 같은 내면의 신호에 주의를 기울여 보세요. 이 신호는 나의 삶이 가치에 비추어 어떻게 흘러가고 있는지 평가할 수 있는 기준이 되기도 합니다. 이 신호가 내 삶이 만족스러운 방향으로 흐르고 있다는 것을 나타내는지 알아차려 보세요. 또한 방향을 잃었을 때 어떤 느낌이 드는지도 알아차려 보세요.

일자: ____________________

7일차 모든 것에는 끝이 있습니다

다이애나: 틱낫한 스님(Nhat Hanh, 2003)과의 명상 수련 중에 배운 포옹 명상이 있습니다. 그는 우리에게 사랑하는 사람을 온전히 포옹해 주라고 했습니다. 숨을 들이쉴 때는 그들이 살아 있음을 기억하고, 숨을 내쉴 때는 함께 살아 있다는 것이 얼마나 좋은지를 생각하라고 했습니다. 다음 숨을 들이쉴 때는 우리가 늙고 죽게 될 것임을 기억하고, 숨을 내쉴 때는 사랑하는 사람도 늙고 죽게 된다는 것을 기억하라고 했습니다. 사랑하는 사람을 포옹해 주면서 이 순간의 소중함을 깊게 들이마시라고 했습니다.

인생의 무상함을 느끼면 자신의 가장 깊은 가치가 드러날 수 있습니다. 그리고 자신의 가치를 발견하게 되면, 그 가치에 따라 사는 삶에 내재된 위험을 느낄 수밖에 없습니다. 가치에 따라 살면 누군가를 돌보면서 느끼게 되는 취약함, 변화에서 오는 슬픔, 그리고 모든 것이 결국 끝나게 된다는 사실이 드러납니다. 로빈 왈서(Robyn Walser)가 쓴 것처럼, '죽음에 대한 인식은 삶을 바라보는 관점에 급진적인 변화를 촉발할 수 있고, 우리가 지금 이 순간을 살아가고 우리의 가치와 일치하는 행동을 하도록 동기를 부여할 수 있습니다'(Walser, 2019, p. 75). 정말 소중한 것에 마음을 열면, 언젠가 그것을 잃을 수도 있다는 사실을 함께 마주해야 하기에 두렵게 느껴질 수 있습니다.

가치가 나에게 중요한 것으로 여겨지게 되면, 더 이상 그것을 모르는 상태로 돌아갈 수 없습니다. 중요한 결정을 내릴 때 가치가 이끄는 방향을 느끼고, 가치에서 멀어졌을 때는 그 가치를 되새기며, 인생의 유한성을 인식했을 때는 그 가치가 더욱 절실하게 느껴질 것입니다.

오늘은 인생의 무상함과 자신의 취약한 부분을 마주하는 것이 가치를 발견하는 데 어떻게 도움이 되는지 살펴볼 것입니다.

오늘의 ACT: 인생의 무상함 마주하기

내가 삶에서 중요하게 여기는 것에 집중할수록 그 과정에서 나의 어떤 취약한 부분이 드러나나요? 무엇을 잃는 것이 가장 두려운가요? 어떤 감정을 느끼게 되는 것이 가장 두렵나요?

인생의 마지막에 삶을 되돌아보며 잘 살았다고 느끼기 위해서는 무엇이 필요할까요? 내가 충만하게 살았다고 느끼게 해 주는 것은 무엇인가요?

한 발짝 더 나아가기: 1년밖에 남지 않았다면

앞으로 당신의 삶이 1년밖에 남지 않았다면, 가장 하고 싶은 것은 무엇인가요?

한 달을 산다면? 무엇을 하겠습니까?

하루를 산다면? 어떤 모습일까요?

한 시간을 산다면? 마지막 한 시간을 어떻게 보내겠습니까?

그리고… 다음 1분이 나의 마지막이라면?

앞의 행동 중 몇 가지를 선택하여 다음 주, 한 달, 그리고 1년 동안 할 일을 달력에 표시해 보세요. 그리고 지금부터 1분 동안 가장 중요하다고 여기는 일을 해 보세요.

ACT 점검하기: 오늘의 가치, 목표, 나를 되돌아보기

오늘의 연습

오늘은 세상의 모든 것이 영원하지 않다는 것을 기억하세요. 한 시간을 내 인생의 마지막 한 시간처럼 살아 보세요. 모든 것이 변하고 끝난다는 사실을, 내가 어떻게 살아갈지를 안내하는 길잡이로 활용해 보세요. 내가 생각하는 '잘 살았다고 느껴지는 삶'은 어떤 모습일지 떠올려 보세요. 그리고 그 삶에 가까이 다가가기 위해 오늘 내가 할 수 있는 작은 선택 하나를 해 보세요.

한 주를 되돌아보기

이번 주차에는 나의 삶에서 표현하고 싶은 특성과 가장 중요한 영역을 살펴봄으로써 가치를 명확히 했습니다. 가치에 부합하는 목표를 설정하거나 방향을 조정하고 싶은 삶의 영역도 살펴보았습니다. 또한 모든 것이 끝났을 때 나에게 가장 중요한 것이 무엇인지 큰 그림을 그려 보았습니다.

다음 ACT 과정에서도 활용할 수 있도록 나의 가치를 꼭 기억해 두세요.

7주차

전념행동: 의도를 가지고 넘어지기

다이애나: 저는 항상 넘어지는 것이 두렵습니다. 어릴 때도 나무에 올라간 적이 없었고, 스키도 초보자 코스를 넘어가 본 적이 없었습니다. 요가 수업에서는 물구나무서기 시간이 되면 몰래 화장실에 가곤 했습니다. 그러던 중 넘어지는 것도 전념행동의 일부라는 것을 알게 되었습니다. ACT 워크숍에서 켈리 윌슨(Kelly Wilson)이 요가 자세인 나무 자세로 서서 부들부들 흔들리며 "넘어지는 것도 자세의 일부라고 생각해 보세요."라고 말했습니다. 의도를 가지고 넘어지는 것은 저에게 큰 해방감을 느끼게 해 주었습니다. 의도를 가지고 넘어진다면 서핑, 팟캐스트, 홈스쿨링, 새로운 친구 사귀기 같이 온갖 것들을 시도해 볼 수 있다는 뜻이었거든요! 의도를 가지고 넘어지기로 결심하면서 제 삶에 새로운 기회가 열렸습니다.

성장하고, 능숙해지며, 의미 있는 방식으로 살아가고 싶어 하는 것은 인간의 본성입니다(Hayes, 2019). 또한 불완전하고, 실수하고, 계획에서 벗어나는 것도 인간의 본성이죠. 이 일지를 작성하면서 아마 눈치챘겠지만, 목표를 향해 나아가는 과정이 꾸준한 경우는 거의 없습니다. 어떤 날은 아무것도 쓰지 않고 내용을 읽기만 할 수도 있고, 어떤 날은 아예 건너뛰기도 하며, 또 어떤 날은 100%의 노력을 쏟기도 합니다. 그날그날의 계획을 완벽하게 따르는 것이 중요한 것은 아닙니다. 오히려 중요한 것은 일지를 다시 꺼내 들고 계속해서 노력하는 행동입니다. 이것이 바로 전념행동입니다.

전념행동은 3가지 요소로 구성됩니다(Moran, Bach, & Batten, 2018).

1. **행동하기**: 생각하거나 말하는 것을 넘어 실제 행동으로 옮기는 것
2. **가치와 연결하기**: 자신에게 의미 있고 개인적이며 스스로 선택한 방식으로 내재적인 동기를 가지고 행동하는 것
3. **장애물을 만나도 계속하기**: 넘어지거나 생각에 방해받거나 충동과 감정에 흔들릴 때에도 다시 행동으로 돌아가는 것

사람들이 처음 ACT에 대해 배울 때, 어떤 이들은 그저 모든 것을 있는 그대로 받아들이고 아무것도 바꾸지 않는 것이라고 생각합니다. 이는 사실이 아닙니다! ACT에서는 삶에서 '효과가 없는 것'을 바꾸고, 자신에게 가장 중요한 것을 향해 나아가기 위해 행동하는 것이 수용만큼이나 중요할 수 있습니다.

이번 주차에는 모든 심리적 유연성 기술을 동원하여 자신을 위한 자비롭고, 유연한 전념행동 계획을 세울 것입니다. 그 과정에서 당신은 다음과 같은 활동을 하게 될 것입니다.

- 변화를 방해하는 장애물을 살펴볼 것입니다.
- 가치를 행동의 길잡이로 활용할 것입니다.
- 행동과학을 적용하여 의미 있는 변화를 지원하는 환경을 조성할 것입니다.
- 자신에게 유연해지는 연습을 할 것입니다.

준비되었나요? 연필을 준비하고 전념행동을 시작해 봅시다!

일자: ______________

1일차 가치로 동기부여하기

데비: 저는 매일 만 보를 걸으려고 노력합니다. 목표를 달성한 날에는 뿌듯함을 느낍니다. 하지만 어떤 날은 만보계 배터리가 다 되거나, 착용하는 걸 잊어서 만 보를 채우기 위해 더 걷고 싶은 마음이 줄어들곤 합니다. 그럴 때면 누가 이런 걸 신경 쓸까 하는 비관적인 생각이 들기도 합니다. 결국 기록되지 않은 걸음 수는 의미가 없다고 느끼게 되죠. 하지만 가족과 함께 장시간 산책을 하거나 산에서 하이킹을 할 때는, 움직임이 단순한 숫자 이상의 의미를 지니게 됩니다. 그때는 자연스럽게 동기가 생기고, 걷는 것은 단순한 목표를 넘어서 제 가치와 연결될 수 있습니다.

당신이 설거지를 해 주길 바라는 룸메이트가 있다고 상상해 봅시다. 접시 하나당 1달러를 주겠다고 한다면, 이 방법이 효과가 있을까요? 물론이죠! 하지만 룸메이트가 더 이상 돈을 줄 수 없거나 이 방법을 그만두게 된다면 어떻게 될까요?

전념행동은 행동 변화를 이끌어 내는 데 있어 기존과 다른 접근 방식을 취합니다. 외부의 보상보다는, 영감을 주는 가치에 초점을 맞춥니다. 내면 깊은 곳에서 중요하게 여기는 것은 본질적인 동기를 제공하며, 이러한 가치는 항상 함께하기 때문에 외부의 보상(예: 일시적인 칭찬)보다 더 오래 지속될 수 있습니다.

우리가 룸메이트와의 생활에 도움이 되고 싶어서 설거지를 하기로 결정한다면 어떻게 될까요? 그 일이 즐겁지 않을 수도 있지만, 룸메이트가 없을 때도 계속해서 설거지를 할 가능성이 높습니다. '기여'라는 가치를 중요하게 생각하면, 깨끗한 설거지를 넘어서 우리의 삶에 더 큰 영향을 미칠 수 있음을 알게 될 것입니다.

오늘은 내가 개인적으로 선택한 변화의 이유를 살펴보고자 합니다.

오늘의 ACT: 가치 발견하기

변화에 대한 나의 내면적인 동기를 찾아봅시다. 이루고 싶은 변화 3가지를 적어 보세요.

1. ______________________________

2. ______________________________

3. ______________________________

이러한 변화가 나에게 정말로 중요한 이유는 무엇인가요? 이러한 변화가 삶을 어떻게 향상시킬 수 있을까요? 힘들게 느껴질 때조차도 그 변화를 감수할 만한 가치가 있는 이유는 무엇인가요?

생각을 더 정리해 보세요. 이루고 싶은 변화의 바탕이 되는 3가지 가치는 무엇인가요?

한 발짝 더 나아가기: 가치에 기반한 행동

앞에서 작성한 가치를 살펴보세요. 그중 하나를 지금 당장 할 수 있는 가장 작은 행동으로 바꿔서 실천해 보세요. 다음은 몇 가지 예시입니다.

- 몸을 돌보는 것을 중요하게 여긴다면, 잠시 스트레칭을 해 보세요.
- 환경을 중요하게 여긴다면, 무언가를 재사용해 보세요.
- 사랑을 나누는 것을 중요하게 여긴다면, 누군가에게 전화하거나 포옹해 보세요.

ACT 점검하기: 오늘의 가치, 목표, 나를 되돌아보기

오늘의 연습

2주차에서 배운 음미하기 기술을 사용해 내재적 동기를 키워 보세요. 가치에 따라 행동할 때 어떤 감정이 드는지 주의 깊게 살펴보세요. 내가 중요하게 여기는 가치에 부합하는 방식으로 행동할 때를 알아차리고, 그렇게 했을 때 그 행동이 주는 만족감을 느껴 보세요.

일자: ____________________

2일차 결과가 아닌 행동

다이애나: 저희 가족은 몰카헤테(molcajete)라는 멕시코식 절구와 절굿공이를 사용해 살사를 만드는 것을 좋아합니다. 이 절구는 화산암으로 만들어져 있으며, 고추, 토마토, 양파, 마늘, 고수를 갈 때 사용합니다. 우리가 만든 소스는 상점에서 사는 것보다 맛을 예측하기 어렵지만, 이렇게 만드는 이유는 결과보다 아이들과 함께 참여하고, 손으로 직접 만들며, 다른 문화를 경험하는 과정 자체가 소중하기 때문입니다.

ACT는 행동심리학으로, 행동이 만들어 내는 결과보다 손과 발로 직접 할 수 있는 행동 그 자체에 초점을 맞추고 있습니다. 결과가 아닌 행동에 주의를 집중하면, 특히 상황이 복잡할 때 그 행동을 지속하는 데 도움이 됩니다. 왜냐하면 우리는 결과에 비해 행동을 더 잘 통제할 수 있기 때문입니다. 새로운 기술을 배울 때 결과에만 집중하면, 실수할 때에는 낙담하게 되고 이후 목표에 도달한다 해도 더 이상 해당 행동을 하지 않게 될 가능성이 높습니다. 고등학교에서 시끄러울 수밖에 없는 밴드 수업을 담당하고 있는 다이애나의 친구가 소음에 대해 불평하는 사람들에게 이렇게 말합니다. "이게 바로 배움의 소리예요!"

행동 연구에 따르면, 작고 점진적인 변화가 가장 오래 지속된다는 것을 보여 줍니다. 스탠퍼드대학교 교수이자 습관 전문가인 B. J. 포그(Fogg, 2019)에 따르면, 동기는 '파도'처럼 밀려왔다 썰물처럼 빠지기 때문에 동기가 낮을 때에도 실천할 수 있는 습관을 만드는 것이 가장 좋습니다. 큰 변화를 시도하는 것은 신나는 일이지만, 갑작스러운 큰 변화는 오랫동안 유지하기 어려울 수 있습니다. 포그가 말하는 '작은 습관'을 통해 새로운 행동을 시작하면, 피곤하고 바쁜 일상에서도 그 습관을 유지할 가능성이 높아집니다.

오늘의 ACT: 더 작게 만들기

내가 키우려고 노력해 온 행동을 적어 보세요.

(행동이 아닌) 특정 결과에 집중하고 있나요?

일상 속에서 더 자주 하고 싶은 행동을 선택하고, 확실히 할 수 있을 만큼의 작은 행동으로 바꿔 보세요. 예를 들어, '하루에 10분 명상하기'라고 적었다면, 대신 3분으로 줄여 보는 것은 어떨까요? 수정한 행동을 다시 적어 보세요.

한 발짝 더 나아가기: 상상하여 연습하기

농구 선수가 잠들기 전 슛하는 모습을 상상하는 것처럼, 심상화를 사용하여 마음속에서 가치에 기반한 행동을 '연습'할 수 있습니다. 행동을 머릿속으로 시뮬레이션하면 그것을 마음속에 새기고, 이후 실제 상황에서 그 기술을 떠올리는 데 도움이 됩니다(McKay & West, 2016). 다음의 모습을 상상해 보세요.

- 작고 간단하지만, 가치에 부합하는 행동을 하는 모습
- 힘든 감정, 충동, 생각을 받아들이는 모습
- 계속해서 가치를 향해 작은 걸음을 내딛는 모습

ACT 점검하기: 오늘의 가치, 목표, 나를 되돌아보기

오늘의 연습

오늘은 가치에 기반한 목표를 정하고, 그 가치를 반영하는 3가지 작은 행동을 적어 보세요. 결과는 신경 쓰지 말고 실천하는 데 집중해 보세요!

일자: ____________________

3일차 변화를 방해하는 장애물

다이애나: 저에게는 반쯤 채운 일지들이 있는 서랍이 있습니다. 각각은 매일 일지를 쓰기 위해 '다시 시작'하려 했던 날짜들이 적혀 있습니다. 하지만 매번 몇 주 동안 매일 일지를 쓰다 보면 자연스럽게 의욕을 잃고 중단한 후 미완성된 채로 일지를 보관해 두곤 했습니다. 한동안 그 서랍을 볼 때마다 실패한 기분이 들었습니다. 왜 매일 일지를 쓰겠다는 다짐을 지키지 못하는 걸까요? 저에게 무슨 문제가 있는 걸까요? 이제는 그 서랍을 다르게 보게 되었습니다. 서랍에는 일지 쓰기에 대한 저의 다짐이 가득 차 있습니다. 다시 시작할 수 있는 힘이 있었던 모든 순간들을 보여주고, 불완전하지만 지속적으로 실천한 전념행동의 소중한 기록을 담고 있습니다.

새로운 기술을 배우는 데에는 심리적 · 물리적 장애물 모두에 직면하는 것이 포함됩니다. 예를 들어, 계란 프라이를 할 수 있게 되었다면, 이 기술을 배우는 과정에서 많은 장애물을 극복했을 것입니다. 물리적 장애물로는 스토브에 닿을 만큼 충분히 키가 크지 않거나, 집에 계란이 없는 것과 같은 것이 있을 수 있습니다. 심리적 장애물로는 화상에 대한 두려움이나 실수로 노른자를 터뜨릴까 하는 걱정 등이 있을 수 있습니다.

물리적 장애물은 문제해결을 함으로써 가장 효과적으로 극복할 수 있지만, 심리적 장애물은 수용, 현재 순간에 접촉하기, 관점 바꾸기, 인지적 탈융합, 자비심과 같은 ACT 과정을 통해 해결할 수 있습니다.

오늘은 전념행동을 하는 데 있어 당신이 직면하게 될 여러 장애물을 살펴볼 것입니다. 과거에 시도했던 변화 과정을 되돌아보고, 길을 잃었을 때 도움이 될 수 있는 기술을 안내할 것입니다.

오늘의 ACT: 장애물

과거에 바꾸려고 했었지만 '실패했다'고 마음속으로 생각하고 있는 행동을 적어 보세요.

이 행동을 더 힘들게 만들었던 물리적 장애물은 무엇인가요?

앞으로 이러한 장애물을 어떻게 극복할 수 있을까요?

심리적 장애물은 어떤가요? 이 행동을 더 힘들게 만들었던 TEAMS(생각, 감정, 행동 경향성, 기억, 감각; 4주차 참조)는 무엇인가요?

이러한 심리적 장애물에 유연하게 대응하기 위해 어떤 ACT 전략을 사용할 수 있을까요? 예를 들어, 생각에서 탈융합하거나, 감정을 수용하거나, 자기자비를 실천하는 것이 도움이 될 수 있을까요?

한 발짝 더 나아가기: 뿌듯함 느끼기

전념행동을 통해 성취감과 뿌듯함을 느낄 수 있습니다. 나를 뿌듯하게 만드는 행동을 떠올려 보세요. 어려울 수도 있지만, 나의 가치와 연결된 행동을 하나 선택해 보세요. 장애물에 부딪혔지만 그 행동으로 돌아갔던 여러 순간들을 떠올려 보세요. 그리고 그 전념행동을 했을 때 느꼈던 뿌듯함과 성취감을 기억해 보세요.

ACT 점검하기: 오늘의 가치, 목표, 나를 되돌아보기

오늘의 연습

전념행동을 방해하는 장애물에 대처할 때는 먼저 필요한 준비를 한 후, 물리적 장애물을 해결하기 위한 방법을 찾아보세요. 그다음, 심리적 장애물에 대해서는 ACT 기술을 활용해 보세요. 오늘은 장애물에 맞서면서, 이를 내가 더 단단해지고, 잘 적응하며, 성장할 수 있는 기회로 바라보세요.

일자: ____________________

4일차 맥락 만들기

우리가 살아가는 맥락은 우리의 행동을 형성합니다. 대부분의 맥락은 우리의 통제 밖에 있지만, 가치에 기반한 행동을 지원하기 위해서 환경(맥락)을 조정할 수 있는 여러 가지 방법이 있습니다. 맥락을 형성하는 한 가지 방법은 당신이 원하는 행동을 촉발하는 신호를 만드는 것입니다. 행동은 3단계의 순서로 발생합니다.

신호 → 행동 → 결과

신호는 행동을 촉발합니다.

> 데비: TV 앞에서 많은 시간을 보내는 것을 좋아하지 않더라도, TV가 켜져 있으면 결국 앉아서 TV를 보게 됩니다. 그래서 저는 집에 있는 유일한 TV를 지하실에 있는 방으로 옮겼고, 그 이후로 TV를 보는 일이 드물어졌습니다. TV라는 신호를 제거함으로써, 원치 않는 행동을 줄이는 방식으로 제 환경을 조정하고 있습니다.

다음은 새로운 행동을 위한 신호를 만드는 데 도움이 되는 몇 가지 유용한 팁입니다.

- **환경 조정하기**: 원하는 행동은 더 쉽게, 원하지 않는 행동은 더 어렵게 만들어 보세요. 예를 들어, 취침 시간에는 침실에서 멀리 떨어진 곳에서 휴대폰을 충전하고, 술은 보이지 않는 곳에 보관하며, 자외선 차단제는 눈에 잘 띄는 곳에 두세요.

- **습관을 '팬케이크'처럼 쌓기:** 팬케이크를 쌓듯이, 매일 하는 기존의 행동 위에 새로운 행동(또는 습관)을 겹겹이 쌓아 올려 보세요. 예를 들어, 아침에 커피를 마시는 것(기존 습관)과 함께 아침에 약 복용하는 것을 잊지 않으려면, 커피 머신 옆에 약을 두고(신호) 커피와 함께 복용해 보세요(습관을 겹겹이 쌓아 올리기).
- **미래의 나에게 도움이 되기:** 동기는 언제든지 변할 수 있습니다. 동기가 낮아진 미래의 내가 보다 쉽게 가치에 기반한 행동을 할 수 있도록 맥락을 만들어 보세요. 예를 들어, 더 건강한 음식을 먹고 싶지만 퇴근 후 음식을 만들기에는 너무 피곤하다면, 주말에 건강한 음식을 미리 만들어 두세요.

오늘은 가치에 기반한 행동을 시작하도록 돕는 맥락을 만들고, 내일은 그 불씨를 계속 유지하기 위해 몇 가지 결과(강화 요소)를 의도적으로 추가할 것입니다.

오늘의 ACT: 불씨 점화하기

원하는 행동에 대해 생각해 보세요. 이 행동을 이끌어 내기 위해 환경을 어떻게 만들 수 있을까요?

습관을 겹겹이 쌓아 올려 보세요. 어떤 일상활동 위에 새로운 행동을 올릴 수 있나요?

어떻게 이 행동을 시작하기 쉽게 만들어 미래의 나에게 도움이 될 수 있을까요?

ACT 점검하기: 오늘의 가치, 목표, 나를 되돌아보기

오늘의 연습

가치에 기반한 행동을 할 수 있도록 환경을 만들어 보세요. 생활 환경을 바꾸거나, 알림을 설정하거나, 기기(예: TV)를 재배치하는 등의 방법으로 원하는 결과를 얻는 데 도움이 되는 신호를 만들어 보세요.

일자: ______________________

5일차 커피를 위해 일어날 거예요!

데비: 저는 예전에 알람시계의 스누즈 버튼[1]을 반복적으로 누르는 습관이 있었습니다. 거의 아침마다 그 유혹적인 버튼을 대여섯 번 정도 누르고 나서야 일어났죠. 하루를 시작하는 데서 오는 불쾌함을 피하고 싶었던 거예요. 더 일찍 일어나고 싶어서 습관을 바꾸기로 했고, 이를 위해 아침을 더 즐겁고 의미 있게 만들기 위해 커피 한 잔을 마시며 조용히 글을 쓰거나 독서하는 시간에 집중했습니다. 이제는 알람이 울리면, 아래층에서 기다리고 있는 의미 있는 순간과 커피 생각에 스누즈 버튼을 전혀 누르지 않고 곧바로 침대에서 일어납니다.

어제는 새로운 행동을 지원하는 신호를 만드는 데 집중했습니다. 데비가 커피를 이용해 일어나는 습관을 강화하는 것처럼, 오늘은 내가 원하는 행동을 강화하는 데 집중해 봅시다. 신호–행동–결과 순서를 되돌아보면, 행동을 시작할지 여부는 신호에 달려 있지만, 행동을 반복할지 여부는 결과에 달려 있습니다.

인간의 뇌는 단기적인 결과에 더 집중하는 경향이 있습니다. 이는 우리 조상들이 생존을 위해 단기적인 결과에 의존했던 진화의 산물입니다. 예를 들어, 우리 조상들은 단기적인 결과(이 과일을 먹으면 죽을까?)를 장기적인 결과(이 과일에는 항산화 물질이 많이 들어 있나?)보다 우선시했고, 이를 통해 생존하고 유전자를 다음 세대에 전달할 수 있었습니다.

하지만 오늘날에는 불편함을 견디고 장기적인 목표에 집중하는 능력이

1) 역자 주: 일정한 간격을 두고 알람이 반복적으로 울리게 하는 기능을 의미한다.

나에게 가장 중요한 목표를 달성하는 데 도움이 됩니다. 좋은 소식은, 최근에 진화한 신피질(neocortex)[2]과 같은 뇌의 새로운 부분을 활용해 나의 가치와 장기 목표에 맞춰 방향을 조정할 수 있다는 것입니다. 예를 들어, 장기 목표를 강화하기 위한 결과를 의도적으로 만들고, 진행 상황을 추적하며, 가치에 기반한 행동의 이점을 음미하는 데 주의를 집중할 수 있습니다.

원하는 행동에 대해 다음을 시도해 보세요.

- 장기적인 가치 기반 목표를 달성하는 모습을 상상해 보세요. 그러면 단기적인 목표를 보다 수월하게 달성하는 데 도움이 됩니다.
- 새로운 행동을 기록하거나 습관 만들기 앱을 사용하여 행동을 추적해 보세요(자기모니터링[3]은 알아차림을 높이고 목표를 달성하는 데 도움이 됩니다).
- 단기적으로 불편한 경험을 겪더라도 자신의 가치에 주의를 집중해 보세요.
- 능력을 키우고 의미를 만들어 가는 느낌을 음미해 보세요.

오늘의 ACT: 단기적/장기적 이점 생각해 보기

현재 변화를 원하는 행동에 대해 생각해 보세요. 이 새로운 행동을 시작하는 초반에는 어떤 어려움이 예상되나요? 이 변화를 통해 얻을 수 있는 장기적인 이점은 무엇인가요?

---

2) 역자 주: 대뇌피질 중 가장 최근에 진화된 부위로, 운동이나 시각, 청각 등의 감각 등을 비롯해 고도의 정신 작용을 관장한다.

3) 역자 주: 자신의 생각, 감정, 신체 반응, 행동 등을 지속적으로 관찰하는 것을 의미한다.

새로운 행동을 할 때 어떤 가치를 되새기고 음미하고 싶은가요? 목록을 만들어 보세요.

ACT 점검하기: 오늘의 가치, 목표, 나를 되돌아보기

오늘의 연습

원하는 행동을 강화할 수 있는 결과를 만들어 보세요. 새로운 행동을 추적할 방법을 마련하고, 그 행동을 할 때 장기적인 목표를 떠올리며 이 행동을 하는 이유를 떠올려 보세요.

일자: ____________________

6일차 당신의 드림팀

다이애나: 저는 개인상담실을 운영하는 것에 매우 만족합니다. 제가 원하는 대로 일하고, 자유롭게 일하는 시간을 정하며, 개인적인 취향으로 공간을 꾸미는 것이 정말 즐겁습니다. 하지만 혼자 일하다 보니 여러 사람과 함께할 때 나오는 창의적인 아이디어, 서로의 역할에 대해 책임을 지고 협력하는 것, 그리고 함께 힘을 모으는 것에서 오는 장점을 놓치게 됩니다. 데비를 비롯한 동료들과 함께 하는 팟캐스트는 그런 필요를 채워 줍니다. 제 공동진행자들은 제가 일하는 과정에서 위험을 감수하고 모험할 수 있는 용기를 주고, 힘들 때는 짐을 나누어지며, 그들의 아이디어와 제 아이디어를 합쳐 혼자서는 만들 수 없는 더 나은 결과를 만들어 냅니다.

가끔은 목표를 세우고 혼자서 해결하려고 할 수 있습니다. 그 방법도 괜찮습니다. 하지만 삶의 중요한 영역을 확장하려 할 때는 다른 사람의 지원이 도움이 될 수 있습니다. 사람들은 지지적인 네트워크 안에서 잘 성장하고, 뇌의 사회적 참여 시스템이 활성화되면 소속감과 안정감 같은 긍정적인 감정을 느낄 수 있습니다(Gilbert, 2017). 켈리 맥고니걸(Kelly McGonigal, 2019)은 스포츠 팀이나 집단 운동에서 사람들이 함께 느끼는 일체감과 기쁨을 '집단적 즐거움(collective joy)'이라고 설명합니다. 또한 다른 사람의 지원을 받으면 행동을 변화시키는 데 성공할 확률이 높아진다는 연구 결과도 있습니다(Greaney et al., 2018).

지원 체계를 만드는 방법에는 여러 가지가 있습니다.

- 가치 기반 목표를 달성하는 데 함께할 친구나 가족 구성원을 모집해

보세요.

- 내가 하고 싶은 일을 이미 하고 있는 그룹에 참여해 보세요.
- 같은 가치를 가진 온라인 커뮤니티를 찾아보세요.
- 친구와 가족에게 내가 원하는 변화에 대해 이야기해 보세요.

그렇게 되면 귀찮은 심리적·물리적 장애물이 발생할 때 사회적 집단을 통해 함께 목표를 세우고, 달성하기 위해 노력하고, 도우면서 문제를 함께 해결할 수 있습니다. 다른 사람과 협력하면 관계의 가치를 높이고 행동 변화를 훨씬 더 재미있게 만들어 주는 추가적인 이점이 있습니다.

오늘의 ACT: 당신의 팀원은 누구인가요?

어떤 사람이나 집단이 나의 목표를 달성하는 데 도움을 줄 수 있나요?

____

____

그들로부터 어떤 지원을 받고 싶나요?

____

____

만약 나와 나의 지원팀이 한 팀으로 활동한다면, 각자가 어떤 역할을 맡을까요? 당신의 진행 상황을 점검해 주거나, 새로운 기술을 가르쳐 주거나, 장애물을 극복하도록 도와주거나 자비로운 코치가 되기에 가장 적합한 사람은 누구인가요?

____

한 발짝 더 나아가기: 팀 허들(Team Huddle)[4]

팀원들이 내 주위에 모여 응원하고 있는 모습을 상상해 보세요. 이 집단으로부터 보살핌과 지지를 받는 느낌을 느껴 보세요. 행동 변화의 과정에서 혼자라고 느낄 때, 이 심상을 활용해 격려와 힘을 얻어 보세요.

ACT 점검하기: 오늘의 가치, 목표, 나를 되돌아보기

오늘의 연습

온라인 커뮤니티에 가입하거나 친구나 가족에게 연락해 내가 하고 있는 일에 대해 이야기함으로써 지원 네트워크를 만들어 보세요.

4) 역자 주: 팀원들이 짧은 시간 동안 모여 소통하고 협업하는 비공식적인 미팅 형태를 의미한다.

일자: ____________________

7일차 행동 계획

데비: 어린 시절, 미래의 진로를 결정하는 데 많은 고민을 했습니다. '올바른' 결정을 내려야 한다는 압박감을 느꼈고, 직업을 선택하고 열심히 일하면 A지점에서 B지점으로 곧바로 가서 그곳에 계속 머물 것이라 생각했습니다. 그러나 실제 제 경력은 방향 전환, 예상치 못한 기회, 좌절 등 여러 우여곡절을 겪으며 흘러왔습니다. 일이 어떻게 전개될지 전혀 예측할 수 없었지만, 그 여정 자체가 제게 큰 힘이 되어 주었고, 앞으로 어떤 일이 일어날지 기대가 됩니다!

LA에서 뉴욕으로 가는 여정을 보여 주는 기내 화면에는 이륙에서 착륙까지의 직선 경로가 표시되어 있습니다. 하지만 이것은 비행기의 실제 경로가 아닙니다. 비행기는 폭풍우를 피하기 위해 남쪽으로 향하기도 하고, 순풍을 타기 위해 북쪽으로 향하기도 하며, 활주로가 열리기를 기다리는 동안 목적지 상공을 선회하기도 합니다. 이번 주차에 배운 것 중 하나는 전념행동은 직선 경로가 아니며 실제 목적지도 없다는 것입니다. 이는 결코 끝나지 않는, 가치에 따라 계속되는 일련의 행동입니다! 오늘은 내가 중요하다고 여기는 영역에서 장기 목표를 향해 유연하게 나아가기 위해 지금까지 실천한 전념행동을 한데 모을 것입니다.

숙련된 조종사처럼 비행 경로를 안내 삼아 필요에 따라 경로를 조정해 나가기 바랍니다.

오늘의 ACT: ACT 일일 행동 계획

이번 주차에 배운 기술을 활용해 내가 중요하게 여기는 삶의 영역에 대한 행동 계획을 적어 보세요. 가치를 행동으로 옮기고 싶을 때마다 다음 내용을 양식으로 사용하세요! [양식은 학지사 홈페이지_도서자료(https://www.hakjisa.co.kr/subpage.html?page=book_book_info&bidx=6418)에서 다운받을 수 있습니다.]

1단계: 삶의 중요한 영역(예: 가족관계, 연인/배우자관계, 배움/교육/하고 있는 일, 사회참여/시민의식, 휴식과 여가생활, 건강관리, 창의성, 영성, 환경 등)에서 어떤 변화를 원하나요?

2단계: 이러한 변화를 이끌어 내는 가치는 무엇인가요?

3단계: 가치에 따른 삶을 살기 위해 어떤 행동을 할 수 있나요?

4단계: 어떤 심리적 혹은 물리적 장애물이 예상되나요? 이러한 장애물을 극복하는 데 어떤 문제해결 기술과 ACT 과정을 활용할 수 있을까요?

5단계: 어떤 상황이나 신호를 활용하면 행동을 더 쉽게 유도하거나 수월하게 할 수 있을까요?

6단계: 어떻게 하면 행동을 계속할 수 있을까요? 그 행동을 유지하기 위한 방법은 어떤 게 있을까요?

7단계: 주변에 도움을 구할 수 있는 사람은 누가 있나요?

8단계: 가치에서 벗어난 방식으로 행동하고 있을 때 어떻게 하면 유연하게 대응할 수 있을까요?

ACT 점검하기: 오늘의 가치, 목표, 나를 되돌아보기

오늘의 연습

오늘 나의 행동 계획을 실천해 보세요. 계획을 실행하면서 유연하게 대응하고 필요에 따라 조정할 수도 있습니다. 그리고 진행 상황에 따라 계획을 수정하는 시간을 가져 보세요.

한 주를 되돌아보기

이번 주차에는 행동 변화를 잘 유지하는 방법에 대해 배웠습니다. 가치를 통해 스스로 동기를 부여하고 새로운 행동을 이끌어 낼 수 있는 맥락을 만드는 방법도 익혔습니다. 또한 행동을 강화하고 장기적으로 동기를 유지하기 위해 지원팀을 구성하는 것이 중요하다는 점도 배웠습니다. 마지막으로, 행동 계획을 세웠습니다. 앞으로 이 아이디어를 기억하고 활용하기 바랍니다. 다음 주차에는 배운 모든 내용을 통합하여 행동 기술을 한 단계 더 발전시키는 데 집중할 것입니다. 개인의 웰빙에만 초점을 맞추는 것을 넘어, ACT 과정을 사용하여 모두의 웰빙에 기여하게 될 것입니다.

8주차

유연한 통합: 집단 지성

다이애나가 벌을 키우게 되었을 때, 그녀는 벌집에 해들리(Hadley)나 헨리(Henry)와 같은 이름을 붙이는 법을 배웠습니다. 꿀벌은 서로 긴밀하게 연결된 종으로, 벌집에 있는 5만 마리 이상의 꿀벌이 하나의 거대한 생명체로 간주됩니다. 꿀벌은 초사회적이어서 생존을 위해 서로 협력하고 의존합니다. 어떤 꿀벌은 벌집의 문을 지키고 다른 꿀벌은 어린 꿀벌을 돌보며, 벌집을 만들 때 낮은 곳에 닿기 위해 서로 다리를 연결하여 '페스툰(festoon)'[1)]을 형성합니다.

ACT도 비슷한 방식으로 작동합니다. ACT의 핵심 과정은 서로 연결되어 있으며 함께 실천할 때 가장 효과적입니다. 지난 7주 동안 우리는 ACT의 핵심 과정을 하나씩 배워 왔습니다. 하지만 이 과정들이 서로 겹쳐 있다는 것을 이미 느꼈을 것입니다. 2주차에 현재 순간에 접촉하면서 여러 혼란스러운 생각들이 동시에 떠오르는 것을 알아차리기 시작했고, 3주차에는 이 생각들에서 탈융합하는 연습을 했습니다. 4주차에는 수용과 기꺼이 경험하기에 대해 살펴보면서, 아마도 나에게 가장 중요한 가치들(6주차)을 발견했을 것입니다. 이렇게 ACT 과정은 계속 이어집니다!

ACT의 핵심 과정을 함께 엮으면 심리적 유연성이라는 벌집을 만들 수 있습

1) 역자 주: 벌들이 서로의 다리를 연결하여 체인을 만드는 행위를 말한다.

니다.

이번 주차에는 일상적인 ACT 연습을 한 단계 발전시켜, 이러한 과정이 서로 어떻게 도움을 주고 개인을 넘어 적용될 수 있는지에 대해 자세히 알아보도록 하겠습니다. 꿀벌과 마찬가지로 인간도 초사회적 종입니다(Tomasello, 2014). 인간은 서로 돕고 의존하는 존재로, 협력할 때 최상의 성과를 냅니다. 이번 주차에는 ACT의 핵심 과정을 통합하는 작업을 할 것입니다. 이를 통해 나 자신을 넘어 친절하고, 유연하며, 사회적 문제에 민감하게 반응하는 세상을 만드는 데 기여할 수 있습니다.

일자: ____________________

1일차 찬찬히 살펴보기

이 일지를 8주 전에 시작했든 8개월 전에 시작했든, 우리는 이 일지가 당신이 마음에서 우러나오는 삶을 살고, 생각에 덜 휘둘리며, 가치를 행동으로 옮기는 데 도움이 되었기를 바랍니다. 오늘은 그동안의 작업을 되돌아보고, 그 과정에서 얻은 경험이나 성과를 되짚어 보며, 어떤 부분이 특히 중요했는지를 생각해 볼 수 있는 기회입니다. 자신의 개인적 성장에 있어 특히 중요한 삶의 영역이 있었다는 사실을 알아차릴 수 있을 것입니다. 또한 앞으로 계속 실천하고 싶은 ACT 활동이 무엇인지도 고려해 보세요.

다음은 지금까지의 작업 과정을 간단하게 정리한 내용입니다. 기억을 되살리는 데 도움이 될 것입니다. 그동안 힘들면서도 의미 있었던 작업을 찬찬히 살펴보세요!

- **1주차. 자비심, 자기돌봄, 의도적인 시간 사용:** 자비로운 내면의 조언자를 기르고, 더 친절한 자기돌봄 방법을 실천하며, 더 의도를 가지고 시간을 사용하는 방법을 배웠습니다.

- **2주차. 현재 순간에 접촉하기:** 자동조종 시스템처럼 무의식적으로 행동하는 것에서 벗어나 현재 순간을 음미하는 방법을 배웠습니다.

- **3주차. 인지적 탈융합:** 마음의 속삭임, 이상하고 엉뚱한 생각들, 판단에서 한 발짝 물러나 더 도움이 되는 생각을 키우는 방법을 배웠습니다.

- 4주차. 수용: 감정을 회피하면 삶이 어떻게 정체될 수 있는지와 모든 내면의 경험에 마음을 열 수 있는 방법을 배웠습니다.

- 5주차. 관점 취하기: 자기이야기에 대한 새로운 시각을 얻고, 이러한 이야기에서 빠져나와 시간을 초월하고 관계를 맺으며 소속감을 느낄 수 있는 가능성을 살펴보았습니다.

- 6주차. 가치: 삶에서 가장 중요한 가치가 무엇인지 알아보고, 그 가치에 부합하는 행동을 살펴보았습니다.

- 7주차. 전념행동: 행동과학의 원리에 따라 의미 있는 변화를 위해 작은 걸음을 내딛는 방법을 배웠습니다.

오늘의 ACT: 검토해 봅시다

그동안의 일지를 다시 살펴보고 작성한 내용을 검토해 보세요. 각 장에서 가장 기억에 남는 교훈을 되새기고, 앞으로 계속 실천하고 싶은 ACT 활동을 적어 보세요.

자비심, 자기돌봄, 의도적인 시간 사용: ______________________

____

현재 순간에 접촉하기: ______________________

____

인지적 탈융합: ____

____

수용: ____

____

관점 취하기: ____

____

가치: ____

____

전념행동: ____

____

한 발짝 더 나아가기: 그리고… 숨을 쉬어 보세요

천천히 3번 숨을 들이마십니다. 첫 번째 숨은 용기 있는 일을 해낸 과거의 나를 위해, 두 번째 숨은 지금 심리적 유연성을 연습하고 있는 현재의 나를 위해, 마지막 숨은 심리적 유연성과 다가올 변화를 위해 노력하는 미래의 나를 위해 쉬어 보세요.

ACT 점검하기: 오늘의 가치, 목표, 나를 되돌아보기

오늘의 연습

그동안의 일지를 다시 살펴보며 오늘 실천하고 싶은 ACT 활동을 선택해 보세요. 서로 다른 ACT의 핵심 과정이 함께 작용하는 것을 살펴보세요. 예를 들어, 잠시 멈추고 타인의 관점을 받아들이기로 했다면, 이 경험이 현재 순간과 가치에 어떻게 연결되어 있는지 알아차릴 수 있나요?

일자: ____________________

2일차 심리적 유연성을 통해 적응하기

심리적 유연성은 시간이 지남에 따라 그리고 상황의 변화에 따라 적응하는 능력입니다. 적응 능력은 우리의 생존에 필수적이며, 다음과 같은 점에서 도움이 됩니다.

- 새로운 정보 받아들이기
- 생각이나 가정을 고집하지 않고 유연하게 대하기
- 도움이 되지 않는 패턴 버리기
- 피할 수 없는 감정 견디기
- 배우고 성장하기
- 필요할 때 가장 효과적인 방법으로 방향 조정하기

데비: 제가 가장 의미 있다고 생각하는 일 중 하나는 '도움을 주는 사람들'을 돕는 것입니다. 여기에는 건강관리 전문가와 돌봄 제공자와 같은, 남을 돌보는 중요한 일을 하는 이들이 포함됩니다. 이들은 극심한 스트레스, 역경, 트라우마, 슬픔 속에서도 헌신합니다. 이들은 자신의 필요를 뒤로하고 상상할 수 없는 상황을 헤쳐 나가며, 생사를 가르는 결정을 내립니다. 이러한 일은 매우 고되고 지칠 수 있습니다. '도움을 주는 사람들을 돕는 사람'으로서, 제 역할은 이들이 유연하게 적응하고, 자신의 웰빙을 돌보며, 목적을 재발견하고 어떤 상황에서도 개인적으로 성장할 수 있도록 돕는 것입니다.

우리는 모든 상황을 바꿀 수는 없지만, ACT 과정을 통해 유연하게 적응하려고 최선을 다할 수 있습니다. 때로는 유연한 변화가 천천히 일어날 수 있습니다. 예를 들어, 성장하면서 부모 또한 결점을 가지고 있는 한 명의 사람으로 받아들이는 과정이 그렇습니다. 반면에, 재난 상황에서 응급 구조대원들이 새로운 요구에 빠르게 적응하는 것처럼 급속하게 일어날 수도 있습니다. 어떤 경우에는 나의 가치에 반하는 새로운 상황(예: 유해하거나 학대적인 상황)에 적응하기보다는 자신의 입장을 굳건히 유지하는 것이 더 적응적일 수 있습니다. 그리고 내가 가치에 따른 변화를 시도하더라도, 주변 사람들이 그 변화를 항상 긍정적으로 보지 않을 수 있습니다. ACT는 이 세상에서 시간을 어떻게 활용할지 깊이 생각한 후, 그에 맞춰 행동을 조정하는 과정입니다.

ACT가 특별한 이유 중 하나는 내게 정말 중요한 것이 무엇인지 스스로 선택하고, 그 가치를 따라 매일의 삶을 살아갈 수 있게 도와준다는 점입니다.

오늘의 ACT: 적응하고 성장하기

시간이 지남에 따라 유연하게 적응해 온 방법들을 살펴보세요. 언제 더 수용적이었나요? 언제 더 관대해졌나요? 언제 더 유연해졌나요? 언제 더 지혜로워졌나요? 잠시 시간을 내어 나의 성장을 감사히 여기고 그것에 대해 적어 보세요.

나에게 도움이 되지 않는 오래된 믿음이나 습관이 아직 남아 있나요? 그렇다면, 나는 앞으로 어떤 모습으로 변화하고 싶나요?

한 발짝 더 나아가기: 내 손에 남아 있는, 그리고 앞으로 만들어 갈 역사

시선을 내려 손바닥을 살펴봅시다. 주먹을 쥐었다가 펴 보세요. 어떤 모양으로 주름져 있는지 살펴보세요. 이 주름들은 시간이 지나면서 손이 움직인 역사를 보여 줍니다. 이 주름을 만들기 위해 무엇을 쥐고, 만지고, 만들고, 적어 왔나요? 오늘은 이 손으로 무엇을 하고 싶나요?

ACT 점검하기: 오늘의 가치, 목표, 나를 되돌아보기

오늘의 연습

오늘은 스스로를 끊임없이 변화하고 적응하는 존재로 바라보세요. 삶의 예상치 못한 어려움을 어떻게 헤쳐 나가는지 알아차려 보세요. 그리고 삶에서 더 유연하고 지혜롭게 행동할 수 있는지 살펴보세요.

일자: ____________________

3일차 가치로부터 멀어질 때

다이애나: 초등학교 3학년 때 저는 구구단 대회에서 부정행위를 한 적이 있습니다. 제가 우승했다고 발표하던 선생님을 생각하면 지금도 가슴이 철렁 내려앉습니다. 선생님은 제게 '진리가 너희를 자유케 하리라.'라는 문구가 적힌 배지를 주셨습니다. 선생님이 제가 부정행위를 했다는 것을 알고 그 배지를 주신 건지 잘 모르겠지만, 진실에서 벗어나는 것이 어떤 느낌인지는 알고 있습니다. 이제 가슴이 철렁하는 느낌이 들 때마다, 다시 방향을 잡으라는 내면의 알림에 감사하고 있습니다.

우리 모두 가끔씩 자신의 가치로부터 멀어지곤 합니다. 스트레스를 받거나, 강한 욕구에 휘둘리거나, 목표에 너무 집중하거나, 어려움에 처하면 나의 가치를 잊고 도움이 되지 않는 행동이나 습관에 빠질 가능성이 높습니다. 강한 감정과 빠져나오기 힘든 생각이 나를 괴롭힐 때, 쉽게 다른 길로 빠져들어 충동적으로 반응하게 되는 경우가 많습니다.

- 배우자가 짜증을 내면, 배우자를 존중하고 싶어도 상처 주는 말이 나옵니다.
- 힘든 하루가 끝나면, 생산적으로 시간을 보낼 수 있음에도 불구하고 약물, 스마트폰 또는 음식을 통해 감정에 무뎌지게 합니다.
- 걱정되는 중요한 프로젝트를 미룹니다.
- 도움을 필요로 하는 친구와의 대화가 슬프거나 고통스러울 것 같아서 그 친구를 멀리합니다.
- 죄책감, 슬픔, 분노를 느낄까 봐 인종차별, 환경, 정치에 관한 기사를

읽지 않습니다.

어렵고 힘든 상황에서도 내가 가장 원하는 모습에 따라 어떻게 반응할지 선택할 수 있습니다. 항상 잠시 멈추고, 나의 생각과 감정을 알아차린 다음, 최선의 반응이 무엇인지 스스로에게 물어보고 그 선택을 할 수 있습니다. 이렇게 하면 아무리 심한 스트레스를 경험하는 상황에서도 의미를 찾을 수 있습니다. 그리고 실수를 하더라도 다음에는 더 잘할 수 있도록 계속 앞으로 나아가기만 하면 됩니다.

오늘의 ACT: 길을 잃다

내가 원하는 모습의 사람이 되는 것을 방해하는 어려움에 대해 적어 보세요. 이 어려움 속에서 생각과 감정이 나를 괴롭힐 때, 내가 주로 보이는 자동적인 반응은 무엇인가요? 그리고 나의 가치에 더 부합하는 선택에는 어떤 것이 있을까요?

ACT 점검하기: 오늘의 가치, 목표, 나를 되돌아보기

오늘의 연습

오늘은 힘든 순간, 예를 들어 직장이나 학교에서 스트레스를 받거나, 지루함을 느끼거나, 어려움에 직면할 때 그 순간에 특별히 주의를 기울여 보세요. 그 순간에 잠시 멈추어 내가 알아차린 것을 확인해 보세요. 어떤 습관이나 충동이 나타나나요? 이러한 순간들을 가치와 일치하는 반응을 선택할 기회로 삼아 보세요.

일자: ____________________

4일차 의도를 가지고 불편해지기

데비: 몇 년 전, 하버드대학교에서 강의를 할 때 인종차별에 대한 주제를 포함시킨 적이 있습니다. 그때 저는 그 분야에 대해 말하기엔 적합하지 않은 사람처럼 느껴졌고, 백인 여성으로서 인종차별의 피해를 직접적으로 많이 경험하지 못했습니다. '내가 이 주제를 완전히 이해하지 못하는데 다른 사람들에게 가르칠 자격이 있을까?'라는 의문이 들었습니다. 실수할까 두려웠고, 더 나아가 학생들 중 누군가에게 불쾌감을 줄까 걱정했습니다. 열심히 준비했지만 잘할 수 있을지 확신이 없어 어색하게 더듬거리기도 했습니다. 몇 가지 잘못한 부분도 있었겠지만, 위험을 감수한 것에 후회는 없습니다. 저는 인종차별을 포함한 모든 형태의 억압에 대해 목소리를 내는 것이 중요하다고 생각하며, 불편함을 느끼면서도 그 중요한 주제에 대해 강의했다는 사실에 뿌듯함을 느낍니다.

ACT를 연습하면서 배운 바와 같이, 불편함에서 벗어나고 싶은 것은 자연스러운 일입니다. 하지만 진정한 변화는 그 불편함을 마주할 때 일어납니다. 많은 자기계발서들은 자기개선, 즉 어떻게 하면 더 강해지고, 부유해지며, 생산적이고, 날씬해지고, 나아질 수 있는지에 대해 다룹니다. 하지만 ACT는 다릅니다.

ACT는 개인의 편안함이나 성공보다 더 중요한 것을 향해 나아갈 수 있도록 자신의 틀에서 벗어나는 데 도움을 줍니다.

우리의 삶과 우리가 살고 있는 이 세상에서 진정한 변화가 일어나기 위해서는 심리적 유연성이 필요합니다. 앞으로 나아가고 올바른 행동을 하기 위해서는 때로는 경직된 신념에서 한 발짝 물러나 힘든 감정, 대화, 행동에 직면해야 할 필요가 있습니다. 어떤 불편한 대화를 시작하든, 사회정의를 위해 행동하든, 새로운 시도를 하든, 이 일지를 통해 배운 내용을 잘 활용할 수 있습니다.

오늘의 ACT: 용기를 가지고 행동하기

나에게 중요하지만 불편하기 때문에 대화나 행동을 피하는 경향이 있는 영역을 찾아보세요.

____

이 영역에서 가치를 향해 한 발짝 내딛는 것을 고려할 때 어떤 TEAMS(생각, 감정, 행동 경향성, 기억, 감각; 4주차 참조)가 나타나나요?

____

____

____

내가 갇혀 있는 틀에서 벗어나기 위해 어떤 ACT 기술을 사용할 수 있을까요?

____

____

행동을 취하기 위해 어떤 힘든 감정과 감각을 기꺼이 수용할 의향이 있나요?

____

____

이 영역에서 용기와 존엄성 그리고 사랑을 보여 주기 위해 어떤 행동을 취할 수 있나요?

ACT 점검하기: 오늘의 가치, 목표, 나를 되돌아보기

오늘의 연습

오늘은 나의 가치를 위해 불편함을 감수해 보세요. 중요하다고 생각하는 영역을 적극적으로 선택하고 다음을 시도해 보세요.

- 불편한 대화를 시작하고 평소보다 더 오래 이어 가기
- 관점을 넓히기 위해 불편한 미디어나 다른 관점에 자신을 노출하기
- 나만의 울타리를 벗어나 변화를 만들 수 있는 행동 취하기
- 심리적 유연성 기술을 사용해 세상에서 중요한 일을 할 수 있도록 나 자신에게 힘 실어 주기

일자: ____________________

5일차 보편적 인간성

우리가 공유하는 보편적 인간성을 인식하면 서로를 이해하고 용서하며 친절하게 대할 수 있습니다. ACT의 기본 입장은 우리 모두가 인간이라는 것입니다. 이는 치료자와 내담자 모두에게 적용됩니다. 우리는 모두 실수를 하고, 인간적인 어려움에 직면하며, 최선을 다하고 있습니다.

다이애나: 어느 날 주차장에서 급히 나가다가 인도로 차를 몰아 조깅하는 사람을 거의 칠 뻔한 적이 있었습니다. 창문을 내리고 그 사람이 괜찮은지 확인하려고 했습니다. 그 사람은 이해한다는 표정으로 손을 흔들며 "저도 그런 적 있어요."라고 말했습니다. 그 사람의 예상치 못한 친절이 어떤 비난의 시선보다도 저에게 더 큰 울림을 주었습니다. 그때의 일이 아직도 기억에 남아, 친구가 약속을 취소하거나 아이가 카펫에 무언가를 쏟았을 때마다 그 말을 떠올립니다. "이해해요. 저도 그런 적 있어요."

심리적으로 유연한 사람들은 **친사회적 행동**, 즉 다른 사람이나 사회에 도움이 되는 행동을 잘할 수 있습니다(Atkins, Wilson, & Hayes, 2019; Biglan, 2015).

- 관점 취하기와 가치를 통해 더 친절하게 대하고, 용서하며, 협력할 수 있습니다.
- 자비심과 수용을 통해 다른 사람들이 최악의 모습을 보일 때도 상처받거나 실망하는 마음을 받아들일 수 있습니다.

- 인지적 탈융합과 관점 취하기를 통해 공감을 표현하고 타인에게 긍정적인 시각을 가질 수 있습니다.
- 현재 순간에 접촉하기와 전념행동을 통해 가장 힘든 대화에서도 호의와 따뜻한 마음을 전달할 수 있습니다.

친사회적 행동은 관계를 개선하여 우리를 더 행복하고 건강하게 만들 수 있습니다(Diener & Seligman 2002; Holt-Lunstad, Robles, & Sbarra, 2017). 친절하고 관대한 행동은 우리를 하나의 종(species)으로 묶어 주며(Lynch, 2018), 뇌의 신경계를 자극하여 다른 사람과 함께 있을 때 안전하다고 느끼게 합니다(Porges, 2011).

친사회적 행동은 심지어 작은 행동이라도 인류의 번영에 기여하고, 우리 모두를 위해 세상을 더 나은 곳으로 만들 수 있습니다.

오늘은 함께 친사회적으로 행동함으로써 더 나은 세상을 만들어 봅시다.

오늘의 ACT: 자애심

지금 어떤 사람이나 집단에게 가장 사랑하는 마음을 느끼나요?

____

____

지금 어떤 사람이나 집단에 대해 덜 친밀하게 느끼거나 더 부정적으로 판단하고 있나요?

____

____

앞의 두 범주(개인, 집단)에 속하는 사람들과 더 친절하고 공감하며 용서하고 관계를 맺을 수 있는 방법은 무엇인가요?

오늘 내가 할 수 있는 친절한 행동은 무엇인가요?

ACT 점검하기: 오늘의 가치, 목표, 나를 되돌아보기

오늘의 연습

몇 번의 마음챙김 호흡을 한 후, 래리 양(Larry Yang)의 『함께 깨어나기(Awakening Together)』에 실린 이 아름다운 글을 읽으며 명상해 봅시다(Yang, 2017, p. 151).

이 순간 가능한 한 사랑하는 마음을 가질 수 있기를
만약 이 순간 사랑할 수 없다면
친절할 수 있기를
친절할 수 없다면
평가적이지 않을 수 있기를
평가적이지 않을 수 없다면
해를 끼치지 않을 수 있기를
그리고 해를 끼치지 않을 수 없다면
가능한 한 최소한의 해만 끼칠 수 있기를

일자: ____________________

6일차 나보다 더 큰 무언가와의 관계[2] 알아차리기

심리학은 개인에 초점을 맞추는 경향이 있어, 우리가 살고 있는 문화적이고 체계적인 맥락을 충분히 강조하지 않습니다. ACT는 세상의 괴로움에 영향을 미치는 문화적 · 정치적 · 경제적 체계까지 고려함으로써, 우리 내면의 괴로움을 돕는 것 이상의 것을 할 수 있는 잠재력을 가지고 있습니다. ACT는 광범위한 맥락에서 우리의 삶을 고려하고 우리 내면의 문제를 넘어 바라보도록 권장합니다(Hayes, 2019).

데비: 임상심리학 교육을 받기 전, 저는 학생들을 위한 익명의 또래지원 긴급전화(hotline)에서 일했습니다. 그때 외국에서 온 한 여성 대학원생이 전화를 걸어 왔고, 그녀는 지도교수에게 성희롱을 당해 매우 속상해하며 눈물을 흘리고 있었습니다. 저는 그녀에게 두려움과 슬픔을 이겨 내기 위해 상담을 받으라고 권했습니다. 지금 돌이켜 보면, 저는 완전히 잘못된 판단을 했습니다. 저는 진짜 문제를 놓쳤던 것입니다. 그녀는 위험한 상황에 처해 있었고, 가장 중요한 것은 그녀의 안전을 챙기는 것이었습니다. 지금의 저라면 매우 다른 방식으로 대응했을 것입니다. 그녀의 감정적 반응이 타당하다는 것을 인정하고, 스스로를 보호하는 방법을 찾도록 도와주었을 것입니다.

치료자로서 우리는 사람들이 자기중심적 관점에서 벗어나 자신보다 더 큰 무언가와 연결될 때 더 큰 충만함을 느낀다는 것을 배웠습니다. 이는

2) 역자 주: 자신이 더 큰 무언가(예: 이웃, 공동체, 인류, 생태계, 지구, 우주 등)의 한 부분임을 인식하는 것을 의미한다.

타인과 긴밀하고 친밀한 관계를 형성하거나, 집단과 협력하거나(Atkins et al., 2019), 사회적 대의에 기여하거나, 아이들을 양육하는 과정을 통해서 이루어질 수 있습니다(Biglan, 2015). 그러나 우리가 좁은 시야로 자신의 당면한 문제에만 집중한다면 이러한 도약이 어려울 수 있습니다. 이렇게 맥락을 넓히는 것이 바로 관점 취하기와 가치가 만나는 지점입니다.

오늘의 ACT: 더 큰 무언가

6주차에 확인한 가치를 다시 되돌아보세요. 나눔, 돌봄, 그룹, 사회적 대의 등 나보다 더 큰 무언가와 연결된 가치에는 어떤 것이 있나요? 내가 가장 변화시키고 싶은 체계는 무엇인가요? 나를 넘어 세상에 중요한 일을 하려면 어떻게 해야 할까요?

____

____

____

____

____

한 발짝 더 나아가기: 자애 명상

다이애나의 이웃인 불교 수행자가 다이애나가 힘들 때 밤에 암송할 수 있는 명상문이 적힌 메모 카드를 준 적이 있습니다. 이 명상은 우리의 웰빙이 다른 사람들의 웰빙과 서로 연결되어 있다는 사실을 일깨워 줍니다.

다음 명상을 큰 소리로 또는 마음속으로 반복해 보세요.

내가 나 자신과 하나가 되기를
내가 고통에서 자유롭기를
내가 평화롭기를
______________[사랑하는 사람의 이름](이)가 그들 자신과 하나가 되기를
______________[사랑하는 사람의 이름](이)가 고통에서 자유롭기를
______________[사랑하는 사람의 이름](이)가 평화롭기를
우리 모두가 우리 자신과 하나가 되기를
우리가 고통에서 자유롭기를
우리가 평화롭기를

ACT 점검하기: 오늘의 가치, 목표, 나를 되돌아보기

오늘의 연습

오늘은 더 큰 무언가와의 관계를 알아차리고, 어떤 방식으로든 도움이 되는 행동을 해 보세요. 나 자신보다 더 큰 무언가를 위해 도움이 되는 작은 행동을 해 보세요.

일자: ____________________

7일차 ACT와 함께하는 일상

다이애나: 저는 두 아들 사이에 사산을 한 경험이 있습니다. 아이를 출산한 후 간호사들이 저에게 안아 보고 싶냐고 물어봤습니다. 심리적 유연성 훈련 덕분에 용기를 내어 '예.'라고 대답할 수 있었습니다. 남편과 저는 담요에 싸인 아이의 작은 몸을 품에 안았을 때, 사랑과 상실이 교차하는 깊은 감정을 느꼈습니다. 그 순간을 자주 떠올립니다. 그 작은 담요를 만든 사람은 어떤 삶의 경험이 있었기에 그런 담요를 만들었을까요? 아이를 안고 있을 시간을 준 간호사들, 그리고 그 순간 온전히 저와 함께해 준 남편에게 깊은 감사를 느낍니다. ACT는 이런 순간에 기꺼이 나서서 취약성을 드러내고 사랑에 마음을 열 수 있도록 도와줍니다.

자전거 타는 법을 배울 때, 아이는 균형과 방향을 잡고 페달을 밟는 것에 집중하다가 어느 순간 자연스럽게 자전거를 탈 수 있게 됩니다. 오늘은 『매일 ACT하기』의 마지막 날입니다. 이제 모든 것을 정리하고 ACT의 의미를 몸으로 느끼며 나아갈 시간입니다.

이 일지는 때론 평범하고, 때론 힘들고, 때론 만족스러운 삶에 ACT를 직접 적용하는 데 초점을 맞췄습니다. 삶을 살아가면서 여기서 배운 내용을 활용해 괴로움을 의미로 바꾸고, 삶의 덧없음이 가장 중요한 것을 상기시키는 계기로 삼으며, 깊은 열망을 행동으로 옮기길 바랍니다. 벨 훅스(Bell Hooks)의 말처럼 "우리의 괴로움은 마법처럼 사라지지 않습니다. 대신 우리는 그 괴로움을 지혜롭게 변형하여 재활용할 수 있습니다. 괴로움은 새로운 성장을 가능하게 하는 풍부한 자원이 됩니다"(Hooks, 2001, pp. 80-81).

오늘의 ACT: 미래의 나

우리는 언젠가 상실과 변화의 시기를 겪을 때가 있음을 알고 있습니다. 그때 ACT를 어떻게 적용할지에 대해 미래의 나에게 어떤 말을 해 주고 싶나요?

우리는 언젠가 평범하고 지루하며 단순한 일상을 보내게 될 때가 있음을 알고 있습니다. 그때 ACT를 어떻게 적용할지에 대해 미래의 나에게 어떤 말을 해 주고 싶나요?

우리는 언젠가 불편하지만 중요한 순간에 목소리를 내거나 행동을 해야 함을 알고 있습니다. 그때 미래의 나에게 ACT를 어떻게 적용하라고 말해 주고 싶나요?

ACT 점검하기: 오늘의 가치, 목표, 나를 되돌아보기

오늘의 연습

오늘은 『매일 ACT하기』를 마친 이후의 일상생활에서 지금까지 배운 내용을 계속 적용하고 발전시킬 것을 다짐해 보세요. 다음 단계에 대한 계획과 미래의 나에게 얼마나 잘해 왔는지를 상기시킬 방법에 대해 생각해 보세요.

한 주를 되돌아보기

이번 주차에는 개인의 웰빙을 넘어서 더 넓은 영역으로 심리적 유연성을 확장했습니다. 집단 지성의 관점에서, 일상적인 행동이 더 큰 전체에 어떤 영향을 미칠 수 있는지 배웠습니다. 스티븐 헤이즈(Steven Hayes)는 『자유로운 마음(A Liberated Mind)』에서 이렇게 책을 마무리합니다. '우리 공동체의 각각 한 사람이 [ACT] 기술을 배울 때마다, 문화는 조금씩 발전합니다. 서로 간의 소통은 부드러워지고, 관계는 더욱 깊어집니다'(Hayes, 2019, p. 386). 같은 맥락에서, 앞으로의 삶에서 더 수용적인 태도를 가지고, 다른 사람들과의 관계가 깊어지며, 더 많이 성장하고, 더 큰 자유를 누리기를 바랍니다.

우리 앞에 놓여 있는 미궁

다이애나: 상담을 마칠 때, 저는 내담자에게 미궁 모양의 주석 합금 심볼을 선물하기도 합니다. 이는 우리가 함께한 경험과 앞으로의 여정을 상징하는 물리적인 증표입니다. 미궁은 이리저리 돌아가도록 설계되어 있지만, 미로와는 달리 막다른 길이 없고, 혼란을 주기 위해 만들어진 것이 아닙니다. 미궁에는 '빠져나갈 길'이 없지만, 계속해서 앞으로 가다 보면 미궁의 중심으로 가는 길을 찾을 수 있습니다.

미궁을 구불구불 돌수록 그 중심에 더 가까워집니다. 매일 ACT 과정을 실천하는 것은 미궁을 따라가는 것과 비슷합니다. 때로는 나선형 외벽만을 따라가며 중심에서 멀리 떨어져 앞으로 나아가지 못하는 것처럼 느껴지기도 하고, 또 어떤 때는 자유를 향해 빠르게 나아가고 있는 것처럼 느껴지기도 합니다.

어떤 상황에 처해 있든지 간에 긍정적인 변화가 일어난 후 정체되거나 상실감을 느끼는 시기가 있을 것입니다. 만약 불안하거나 화가 나거나 우울함을 느꼈다면, 그런 감정은 다시 나타날 것입니다. 변화를 유지하는 데 어려움을 겪었다면, 그 어려움 또한 다시 나타날 것입니다. 중독에서 회복 중이라면, 충동과 일시적 일탈의 굴곡을 여러 번 경험할 가능성이 높습니다. 계속해서 이런 일들이 반복될 것입니다.

삶에서 피할 수 없는 우여곡절에 어떻게 대응하는가가 중요합니다. 우리 앞에 놓인 미궁 같은 삶 속에서, ACT는 방향을 잃지 않도록 돕습니다. 이를 통해 우리는 유연하게 나아가고, 열린 마음으로 알아차리며 가치와 일치하는 방식으로 어려움에 대응할 수 있습니다. 미궁을 따라 나아가면서, 매일 ACT를 실천하려면 열린 마음과 알아차림, 그리고 세상에 적극적으로 참여하는 태도가 필요합니다(Hayes, Strosahl, & Wilson, 2012).

- 마음을 열기(Open): 모든 감정, 생각, 감각을 부드럽게 맞이할 수 있나요?
- 알아차리기(Aware): 나를 옭아매는 TEAMS(생각, 감정, 행동 경향성, 기억, 감각; 4주차 참조)와 나에게 지금 가장 중요한 것이 무엇인지 알아차리고 있나요?
- 세상에 관여하기(Engaged): 지금 이 순간, 나의 행동을 통해 가치에 따른 삶을 살고 있나요?

시간이 지남에 따라 삶이 변하듯, ACT 과정 자체도 정체된 것이 아니라 유동적이라는 것을 알게 될 것입니다. 어떤 과정도 한 번 하면 끝이라는 식으로 고정된 것은 없습니다.

- **현재 순간에 접촉하기**는 지금 이 순간에 집중했다가도 금방 집중을 잃는 것을 알아차리는 것을 의미합니다.
- **인지적 탈융합**이란 도움이 되지 않는 생각에서 반복적으로 빠져나오는 것을 의미합니다. 이는 마음의 속삭임이 결코 멈추지 않기 때문입니다.
- **수용**은 한 번으로 끝나는 과정이 아니라, 자신의 온전한 경험을 계속해서 마주하기로 선택하는 것입니다.

- 관점 취하기란 모든 경험을 일시적이고 변하는 것으로 바라보는 것을 의미합니다.
- 가치는 한 번 시도하면 끝나는 것이 아닙니다. 가치란 평생 동안 지속적으로 지향해야 할 방향입니다.
- 전념행동은 자신에게 친절하게 반응하는 것을 필요로 하며, 불가피하게 오래된 습관이나 자동적인 행동으로 되돌아가더라도 계속해서 앞으로 나아가는 것을 의미합니다.

ACT를 실천하는 것은 평생에 걸친 여정입니다. 오랜 시간 동안 꾸준히 실천하다 보면, 이 과정이 자연스럽게 삶의 일부가 됩니다. ACT를 실천하다 보면, 해야 할 일이 있을 때 더 쉽게 알아차릴 수 있습니다. 갇혀 있다고 느낄 때 ACT 과정을 지속할 수 있도록 돕기 위한 몇 가지 팁을 소개합니다.

- 알아차리기: 한쪽 눈은 내부(내 몸과 마음에서 무슨 일이 일어나고 있는지?)로, 다른 한쪽 눈은 외부(주변에서 어떤 일이 일어나고 있는지?)로 바라보는 연습을 해 보세요.
- 잠시 멈추기: 힘들어하는 자신을 발견했을 때, 감정과 생각에 마음을 열어 보세요. 그리고 어떤 변화가 일어나는지 살펴보세요.
- 관점 취하기: 눈앞의 상황에서 한 발짝 물러나 보다 큰 그림을 볼 수 있도록 시야를 넓혀 보세요.
- 가치와 재연결하기: 6주차에 작성했던 인생 좌우명을 다시 한번 살펴보고, 현재의 삶과 원하는 삶을 비교해 보세요. 필요에 따라 행동을 조정해 보세요.

이 팁을 잘 활용하면 자신의 속도에 맞춰 가치를 향해 조금씩 앞으로 나아갈 수 있을 것입니다. 그리고 ACT 과정을 정리하는 데 도움이 필요한 분들을 위한 6가지 과정에 기반한 플래너가 있습니다. [플래너는 학지사 홈페이지_도서자료(https://www.hakjisa.co.kr/subpage.html?page=book_book_info&bidx=6418)에서 다운받을 수 있습니다.]

ACT 과정은 언제든지 사용할 수 있으며, 이를 삶에 적용하는 것은 당신의 몫입니다.

『매일 ACT하기』를 선택해 주셔서 감사합니다. 여기서 배운 내용을 활용하여 당신에게 가장 의미 있는 삶을 계속해서 만들어 가기를 바랍니다. 그 여정이 즐겁기를 바랍니다!

추가 자료

ACT에 대해 더 알아보기

Hayes, S. C. (2021). 자유로운 마음: 삶의 가치를 향해 피벗하는 길(*A Liberated Mind: How to Pivot Toward What Matters by Steven Hayes*). (문현미, 민혜원 공역). 학지사.

맥락적행동과학회 사이트. The Association for Contextual Behavioral Science at https://www.contextualscience.org

팟캐스트. Psychologists Off the Clock podcast at https://www.offtheclockpsych.com

특정 집단에 ACT 적용하기

Be Mighty: A Woman's Guide to Liberation from Anxiety, Worry, and Stress Using Mindfulness and Acceptance by Jill A. Stoddard

End the Insomnia Struggle: A Step-by-Step Guide to Help You Get to Sleep and Stay Asleep by Colleen Ehrnstrom and Alisha L. Brosse

Living with Your Body and Other Things You Hate: How to Let Go of Your Struggle with Body Image Using Acceptance and Commitment Therapy by Emily Sandoz and Troy DuFrene

Mastering Adulthood: Go Beyond Adulting to Become an Emotional Grown-Up by Lara E. Fielding

The Wisdom to Know the Difference: An Acceptance and Commitment Therapy Workbook for Overcoming Substance Abuse by Kelly G. Wilson and Troy

DuFrene

Your Life, Your Way: Acceptance and Commitment Therapy Skills to Help Teens Manage Emotions and Build Resilience by Joseph V. Ciarrochi and Louise L. Hayes

자비심과 친절함 키우기

Awakening Together: The Spiritual Practice of Inclusivity and Community by Larry Yang

The Compassionate Mind: A New Approach to Life's Challenges by Paul Gilbert

How to Be Nice to Yourself: The Everyday Guide to Self-Compassion-Effective Strategies to Increase Self-Love and Acceptance by Laura Silberstein-Tirch

The Mindful Path to Self-Compassion: Freeing Yourself from Destructive Thoughts and Emotions by Christopher K. Germer

The Self-Care Prescription: Powerful Solutions to Manage Stress, Reduce Anxiety, and Increase Well-Being by Robyn Gobin

Start Where You Are: A Guide to Compassionate Living by Pema Chödrön

An Open-Hearted Life: Transformative Methods for Compassionate Living from a Clinical Psychologist and a Buddhist Nun by Russell Kolts and Thubten Chödrön

알아차림 키우기

Thich Nhat Hanh. (2022). 평화되기(*Being Pease*). (이현주 번역). 불광출판사.

Hanson, R. (2012). 붓다처럼 살기: 하루에 한 가지씩 실천하는 붓다 브레인(*Just One Thing: Developing a Buddha Brain One Simple Practice at a Time*). (이보경 번역). 열대림.

Mindful of Race: Transforming Racism from the Inside Out by Ruth King

Slow: Simple Living for a Frantic World by Brook McAlary

The Untethered Soul: The Journey Beyond Yourself by Michael A. Singer

수용 기르기

Hooks, B. (2012). 올 어바웃 러브(*All About Love: New Visions*). (이영기 번역). 책읽는 수요일.

Neurodharma: New Science, Ancient Wisdom, and Seven Practices of the Highest Happiness by Rick Hanson

Radical Acceptance: Embracing Your Life with the Heart of a Buddha by Tara Brach

When Things Fall Apart: Heart Advice for Difficult Times by Pema Chödrön

의미와 목적 찾기

Frankl, V. E. (2020). 죽음의 수용소에서(*Man's Search for Meaning*). (이시형 번역). 청아출판사.

The New Happiness: Practices for Spiritual Growth and Living with Intention by Matthew McKay and Jeffrey C. Wood

Playing Big: Practical Wisdom for Women Who Want to Speak Up, Create, and Lead by Tara Mohr

The Power of Meaning: Finding Fulfillment in a World Obsessed with Happiness by Emily Esfahani Smith

Prosocial: Using Evolutionary Science to Build Productive, Equitable, and Collaborative Groups by Paul W. B. Atkins, David Sloan Wilson, and Steven C. Hayes

행동변화를 위한 영감 얻기

Healthy Habits Suck: How to Get Off the Couch and Live a Healthy Life… Even If You Don't Want To by Dayna Lee-Baggley

McGonigal, K. (2020). 움직임의 힘(*The Joy of Movement: How Exercise Helps Us Find Happiness, Hope, Connection, and Courage*). (박미경 번역). 안드로메디안.

Vanderkam, L. (2020). 시간전쟁: 많은 일을 하고도 여유로운 사람들의 비밀(*Off the Clock: Feel Less Busy While Getting More Done*). (이영래 번역). 더퀘스트.

Leonard-Curtin, A., and Leonard-Curtin, T. (2020). 작은 것의 힘: 사소한 행동의 심리학(*The Power of Small: Making Tiny Changes When Everything Feels Too Much*). (박선령 번역). 안드로메디안.

Fogg, B. J. 습관의 디테일: 위대한 변화를 만드는 사소한 행동 설계(*Tiny Habits: The Small Changes That Change Everything*). (김미정 번역). 흐름출판.

심리상담사를 위한 책

Acceptance and Commitment Therapy: The Process and Practice of Mindful Change, 2nd edition, by Steven C. Hayes, Kirk D. Strosahl, and Kelly G. Wilson

Polk, K. L., Schoendorff, B., Webster, M., and Olaz, F. O., 수용전념치료의 혁신, 매트릭스(*The Essential Guide to the ACT Matrix: A Step-by-Step Approach to Using the ACT Matrix Model in Clinical Practice*). (곽욱환, 조철래, 이강욱, 정진 공역). 삶과 지식.

Experiencing Compassion-Focused Therapy from the Inside Out: A Self-Practice/Self-Reflection Workbook for Therapists by Russell L. Kolts, Tobyn Bell, James Bennett-Levy, and Chris Irons

The Heart of ACT: Developing a Flexible, Process-Based, and Client-Centered Practice Using Acceptance and Commitment Therapy by Robyn D. Walser

Mindfulness for Two: An Acceptance and Commitment Therapy Approach to Mindfulness in Psychotherapy by Kelly G. Wilson and Troy DuFrene

Values in Therapy: A Clinician's Guide to Helping Clients Explore Values, Increase Psychological Flexibility, and Live a More Meaningful Life by Jenna LeJeune and Jason B. Luoma

참고문헌

Allione, T. 2008. *Feeding Your Demons: Ancient Wisdom for Resolving Inner Conflict.* Boston: Little, Brown and Company.

Atkins, P. W. B., D. S. Wilson, and S. C. Hayes. 2019. *Prosocial: Using Evolutionary Science to Build Productive, Equitable, and Collaborative Groups.* Oakland, CA: Context Press.

Biglan, A. 2015. *The Nurture Effect: How the Science of Human Behavior Can Improve Our Lives and Our World.* Oakland, CA: New Harbinger Publications.

Bowman, K. 2017. *Move Your DNA: Restore Your Health Through Natural Movement.* 2nd ed. Carlsborg, WA: Propriometrics Press.

Buettner, D. 2008. *The Blue Zones: 9 Lessons for Living Longer from the People Who've Lived the Longest.* Washington, DC: National Geographic Society.

Chawla, N., and B. Ostafin. 2007. "Experiential Avoidance as a Functional Dimensional Approach to Psychopathology: An Empirical Review." *Journal of Clinical Psychology* 63 (9): 871-90.

Chödrön, P. 2001. *The Wisdom of No Escape and the Path of Loving-Kindness.* Boulder, CO: Shambhala Publications.

Craighead, L. W. 2006. *The Appetite Awareness Workbook: How to Listen to Your Body and Overcome Bingeing, Overeating, and Obsession with Food.* Oakland, CA: New Harbinger Publications.

Dalai Lama, D. Tutu, and D. C. Abrahams. 2016. *The Book of Joy: Lasting Happiness in a Changing World.* New York: Avery.

Diener, E., and M. E. P. Seligman. 2002. "Very Happy People." *Psychological Science* 13 (1): 81-84.

Dweck, C. S. 2016. *Mindset: The New Psychology of Success.* New York: Ballantine

Books.

Eyal, N. 2019. *Indistractable: How to Control Your Attention and Choose Your Life.* Dallas: BenBella Books.

Fogg, B. J. 2019. *Tiny Habits: The Small Changes That Change Everything.* Boston: Houghton Mifflin Harcourt.

Forsyth, J. P., and T. R. Ritzert. 2018. "Cultivating Psychological Acceptance." In *Process-Based CBT: The Science and Core Clinical Competencies of Cognitive Behavioral Therapy*, edited by S. C. Hayes and S. G. Hofmann, 363-74. Oakland, CA: Context Press.

Franklin, M. S., M. D. Mrazek, C. L. Anderson, J. Smallwood, A. Kingstone, and J. W. Schooler. 2013. "The Silver Lining of a Mind in the Clouds: Interesting Musings Are Associated with Positive Mood While Mind-Wandering." *Frontiers in Psychology* 4: 583.

Gilbert, P. 2014. "The Origins and Nature of Compassion Focused Therapy." *British Journal of Clinical Psychology* 53 (1): 6-14.

Gilbert, P. 2017. *Living Like Crazy.* New York: Annwyn House.

Gilbert, P., and Choden. 2014. *Mindful Compassion: How the Science of Compassion Can Help You Understand Your Emotions, Live in the Present, and Connect Deeply with Others.* Oakland, CA: New Harbinger Publications.

Gobin, R. L. 2019. "The Self-Care Prescription with Dr. Robyn Gobin." *Psychologists Off the Clock* (podcast), episode 105, September 21, produced by D. Hill. https://www.offtheclockpsych.com/podcast/self-care-prescription.

Goleman, D. 2005. *Emotional Intelligence: Why It Can Matter More Than IQ.* New York: Bantam Books.

Goleman, D., and R. J. Davidson. 2017. *Altered Traits: Science Reveals How Meditation Changes Your Mind, Brain, and Body.* New York: Avery.

Gottman, J., and N. Silver. 2013. *What Makes Love Last? How to Build Trust and Avoid Betrayal.* New York: Simon & Schuster.

Greaney, M. L., E. Puleo, K. Sprunck-Harrild, J. Haines, S. C. Houghton, and K. M. Emmons. 2018. "Social Support for Changing Multiple Behaviors: Factors Associated with Seeking Support and the Impact of Offered Support." *Health Education and Behavior* 45 (2): 198-206.

Hanson, R. 2018. *Resilient: How to Grow an Unshakable Core of Calm, Strength, and Happiness.* New York: Penguin Random House.

Hanson, R. 2020a. *Neurodharma: New Science, Ancient Wisdom, and Seven Practices of the Highest Happiness.* New York: Harmony Books.

Hanson, R. 2020b. "Taking in the Good with Dr. Rick Hanson." *Psychologists Off the Clock* (podcast), episode 122, January 15, produced by D. Hill. https://www.offtheclockpsych.com/podcast/developing-resilience.

Harris, R. 2019. *ACT Made Simple: An Easy-to-Read Primer on Acceptance and Commitment Therapy.* Oakland, CA: New Harbinger Publications.

Hayes, S. C. 2019. *A Liberated Mind: How to Pivot Toward What Matters.* New York: Avery.

Hayes, S. C., K. D. Strosahl, and K. G. Wilson. 2012. *Acceptance and Commitment Therapy: The Process and Practice of Mindful Change.* 2nd ed. New York: Guilford Press.

Hill, D. 2019a. "A Gift for You: 10 Minute Breathing Meditation." *Psychologists Off the Clock* (podcast), episode 81, March 13, produced by D. Hill. https://www.offtheclockpsych.com/podcast/breathing-meditation.

Hill, D. 2019b. "A Gift for You: Soothing Rhythm Breathing." *Psychologists Off the Clock* (podcast), episode 89, May 9, produced by D. Hill. https://www.offtheclockpsych.com/podcast/soothing-rhythm-breathing.

Holt-Lunstad, J., T. F. Robles, and D. A. Sbarra. 2017. "Advancing Social Connection as a Public Health Priority in the United States." *American Psychologist* 72 (6): 517-30.

Hooks, B. 2001. *All About Love: New Visions.* New York: First Perennial.

Huta, V., and R. M. Ryan. 2010. "Pursuing Pleasure or Virtue: The Differential and Overlapping Well-Being Benefits of Hedonic and Eudaimonic Motives." *Journal of Happiness Studies* 11: 735-62.

Kabat-Zinn, J., L. Lipworth, and R. Burney. 1985. "The Clinical Use of Mindfulness Meditation for the Self-Regulation of Chronic Pain." *Journal of Behavioral Medicine* 8 (2):163-90.

Kabat-Zinn, J., A. O. Massion, J. Kristeller, L. G. Peterson, K. E. Fletcher, L. Pbert, W. R. Lenderking, and S. F. Santorelli. 1992. "Effectiveness of a Meditation-Based Stress Reduction Program in the Treatment of Anxiety Disorders."

American Journal of Psychiatry 149 (7): 936–43.

Killingsworth, M. A., and D. T. Gilbert. 2010. "A Wandering Mind Is an Unhappy Mind." *Science* 330 (6006): 932.

Kolts, R. 2016. *CFT Made Simple: A Clinician's Guide to Practicing Compassion-Focused Therapy.* Oakland, CA: New Harbinger Publications.

Kolts, R. 2018. "Compassion Focused Therapy with Dr. Russell Kolts." *Psychologists Off the Clock* (podcast), episode 50, July 3, produced by *Psychologists Off the Clock.* https://www.offtheclockpsych.com/podcast/compassion-focused-therapy.

LeJeune, J. 2019. "Building a Meaningful, Values-Based Life with Dr. Jenna LeJeune." *Psychologists Off the Clock* (podcast), episode 116, December 4, produced by D. Sorensen. https://www.offtheclockpsych.com/podcast/values-in-therapy.

Lynch, T. R. 2018. *Radically Open Dialectical Behavior Therapy: Theory and Practice for Treating Disorders of Overcontrol.* Oakland, CA: Context Press.

McGonigal, K. 2019. *The Joy of Movement: How Exercise Helps Us Find Happiness, Hope, Connection, and Courage.* New York: Avery.

McHugh L., I. Stewart, and P. Almada. 2019. *A Contextual Behavioral Guide to the Self: Theory and Practice.* Oakland, CA: Context Press.

McKay, M., and A. West. 2016. *Emotion Efficacy Therapy: A Brief, Exposure-Based Treatment for Emotion Regulation Integrating ACT and DBT.* Oakland, CA: Context Press.

McKay, M., J. Wood, and J. Brantley. 2019. *The Dialectical Behavior Therapy Skills Workbook: Practical DBT Exercises for Learning Mindfulness, Interpersonal Effectiveness, Emotion Regulation, and Distress Tolerance.* Oakland, CA: New Harbinger Publications.

Merwin, R. 2020. "ACT for Food Restriction and Anorexia with Dr. Rhonda Merwin." *Psychologists Off the Clock* (podcast), episode 128, February 26, produced by D. Hill. https://www.offtheclockpsych.com/podcast/act-for-anorexia.

Merwin, R. M., N. L. Zucker, and K. G. Wilson. 2019. *ACT for Anorexia Nervosa: A Guide for Clinicians.* New York: Guilford Press.

Miller, W. R., and S. Rollnick. 2012. *Motivational Interviewing: Helping People*

Change. 3rd ed. New York: Guilford Press.

Mohr, T. 2014. *Playing Big: Practical Wisdom for Women Who Want to Speak Up, Create, and Lead.* New York: Avery.

Moran, D. J., P. A. Bach, and S. V. Batten. 2018. *Committed Action in Practice: A Clinician's Guide to Assessing, Planning, and Supporting Change in Your Client.* Oakland, CA: Context Press.

Neff, K. 2015. *Self-Compassion: The Proven Power of Being Kind to Yourself.* New York: William Morrow.

Neville, H. 2020. "The Psychology of Radical Healing Collective." *Psychologists Off the Clock* (podcast), episode 156, August 6, produced by D. Hill. https://www.offtheclockpsych.com/podcast/the-psychology-of-radical-healing-collective.

Nhat Hanh, T. 2003. *No Death, No Fear: Comforting Wisdom for Life.* New York: Riverhead Books.

Polk, K. L., B. Shoendorff, M. Webster, and F. O. Olaz. 2016. *The Essential Guide to the ACT Matrix: A Step-by-Step Approach to Using the ACT Matrix Model in Clinical Practice.* Oakland, CA: Context Press.

Porges, S. W. 2011. *The Polyvagal Theory: Neurophysiological Foundations of Emotions, Attachment, Communication, and Self-Regulation.* New York: W. W. Norton.

Preiss, D. D., D. Cosmelli, V. Grau, and D. Ortiz. 2016. "Examining the Influence of Mind Wandering and Metacognition on Creativity in University and Vocational Students." *Learning and Individual Differences* 51: 417-26.

Robinson, P. J., D. A. Gould, and K. D. Strosahl. 2011. *Real Behavior Change in Primary Care: Improving Patient Outcomes and Increasing Job Satisfaction.* Oakland, CA: New Harbinger Publications.

Schonbrun, Y. C. 2014. "A Mother's Ambitions." *New York Times,* July 30. Accessed July 28, 2020. https://opinionator.blogs.nytimes.com/2014/07/30/a-mothers-ambitions.

Schonbrun, Y. C., and E. Corey. 2020. "Work-Life Conflict Can't Be Solved-and That's a Good Thing." *Wall Street Journal,* June 20. Accessed October 19, 2020. https://www.wsj.com/articles/work-life-conflict-cant-be-solvedand-thats-a-good-thing-11593230460.

Smith, E. E. 2017. *The Power of Meaning: Finding Fulfillment in a World Obsessed with Happiness.* New York: Broadway Books.

Stoddard, J. A. 2019. *Be Mighty: A Woman's Guide to Liberation from Anxiety, Worry, and Stress Using Mindfulness and Acceptance.* Oakland, CA: New Harbinger Publications.

Teasdale, J. D., Z. V. Segal, J. M. Williams, V. A. Ridgeway, J. M. Soulsby, and M. A. Lau. 2000. "Prevention of Relapse/Recurrence in Major Depression by Mindfulness-Based Cognitive Therapy." *Journal of Consulting and Clinical Psychology* 68 (4): 615-23.

Tedeschi, R. G., and L. G. Calhoun. 2004. "Posttraumatic Growth: Conceptual Foundations and Empirical Evidence." *Psychological Inquiry* 15 (1): 1-18.

Tomasello, M. 2014. "The Ultra-Social Animal." *European Journal of Social Psychology* 44 (3): 187-94.

Vanderkam, L. 2018. *Off the Clock: Feel Less Busy While Getting More Done.* New York: Portfolio/Penguin.

Villatte, M., J. L. Villatte, and S. C. Hayes, 2016. *Mastering the Clinical Conversation: Language as Intervention.* New York: Guilford Press.

Walser, R. D. 2019. *The Heart of ACT: Developing a Flexible, Process-Based, and Client-Centered Practice Using Acceptance and Commitment Therapy.* Oakland, CA: Context Press.

Wegner, D. M., D. J. Schneider, S. R. Carter III, and T. L. White. 1987. "Paradoxical Effects of Thought Suppression." *Journal of Personality and Social Psychology* 53 (1): 5-13.

Wilson, K. G., and T. DuFrene. 2009. *Mindfulness for Two: An Acceptance and Commitment Therapy Approach to Mindfulness in Psychotherapy.* Oakland, CA: New Harbinger Publications.

Witkiewitz, K., S. Bowen, H. Douglas, and S. H. Hsu. 2013. "Mindfulness-Based Relapse Prevention for Substance Craving." *Addictive Behaviors* 38 (2): 1563-71.

Yang, L. 2017. *Awakening Together: The Spiritual Practice of Inclusivity and Community.* Boston: Wisdom Publications.

저자 소개

다이애나 힐(Diana Hill)

캘리포니아 산타바바라에서 활동하는 임상심리학자입니다. 그녀는 개인 클리닉에서 심리상담을 제공하고, 개인이 자신의 잠재력을 최대한 발휘할 수 있도록 돕는 코칭을 하며, 정신건강 전문가들을 대상으로 수용전념치료(ACT) 교육도 진행하고 있습니다. 또한 〈심리학자들의 일상 이야기(Psychologists Off the Clock)〉 팟캐스트의 공동진행자로, 몸과 마음을 함께 돌보는 통합적 건강관리, 자급자족적인 삶, 신중하고 의미 있는 양육에 깊은 관심과 열정을 가지고 있습니다.

데비 소렌센(Debbie Sorensen)

콜로라도주 덴버에서 개인 클리닉을 운영하는 임상심리학자이자, 로키산맥 지역 재향군인 의료센터(Rocky Mountain Regional VA Medical Center)에서 파트타임 임상연구심리학자로 활동하고 있습니다. 그녀는 하버드대학교에서 심리학 박사 학위를 받았으며, 〈심리학자들의 일상 이야기(Psychologists Off the Clock)〉 팟캐스트의 공동진행자입니다. 또한 수용전념치료(ACT) 분야에서 미국 재향군인부(VA)의 지역 트레이너이자 교육 컨설턴트로도 활동하고 있습니다.

역자 소개

조성근(Cho, Sungkun)

미국 하와이주립대학교 대학원 졸업(임상심리학 박사)

미국 일리노이공과대학교 대학원 졸업(임상심리학 석사)

중앙대학교 졸업(심리학 학사)

서울신학대학교 졸업(신학 학사)

현 충남대학교 심리학과 교수

〈주요 저서 및 역서〉

상담 및 심리치료의 이해(공저, 학지사, 2025)

새로운 삶의 시작 수용전념치료(공역, 학지사, 2024)

매일 ACT하기 활동카드(역, 인싸이트, 2024)

정신건강 임상가를 위한 핸드북(공역, 학지사, 2023)

임상심리학(공저, 학지사, 2022)

이승미(Lee, Seung-Mi)

연세대학교 일반대학원 졸업(산업 및 조직심리학 박사)

연세대학교 일반대학원 졸업(임상심리학 석사)

연세대학교 졸업(영문학/심리학 학사)

현 한국상담대학원대학교 코칭/기업상담심리학과 교수

〈주요 역서〉

조직심리학 및 조직행동(공역, 시그마프레스, 2025)

유현경(Yoo, Hyunkyung)

충남대학교 일반대학원(심리학 박사과정)

충남대학교 일반대학원 졸업(응용심리학 석사)

충남대학교 졸업(심리학 학사)

현 충남대학교 심리성장과자기조절센터 선임연구원

〈주요 역서〉

새로운 삶의 시작 수용전념치료(공역, 학지사, 2024)

매일 ACT하기

ACT DAILY JOURNAL

Get Unstuck & Live Fully with Acceptance & Commitment Therapy

2025년 10월 25일 1판 1쇄 인쇄
2025년 10월 31일 1판 1쇄 발행

지은이 • Diana Hill, PhD · Debbie Sorensen, PhD
옮긴이 • 조성근 · 이승미 · 유현경
펴낸이 • 김진환
펴낸곳 • ㈜학지사
04031 서울특별시 마포구 양화로 15길 20 마인드월드빌딩
대표전화 • 02-330-5114 팩스 • 02-324-2345
등록번호 • 제313-2006-000265호

홈페이지 • http://www.hakjisa.co.kr
인스타그램 • https://www.instagram.com/hakjisabook

ISBN 978-89-997-3544-8 93180

정가 17,000원

역자와의 협약으로 인지는 생략합니다.
파본은 구입처에서 교환해 드립니다.